映画論叢64

国書刊行会

『血の絆』自主上映時のポスター

フランス座プログラム「バアレスク・ステイジ」第6号

ドクの部屋。『荒野の決闘』より

表紙写真：『極道ペテン師』ロケ風景。左から２人め千野皓司

扉写真：（上）スティーブ・コクランが悪役として名演を見せた『白熱』のプログラム。キャグニーとヴァージニア・メイヨ　（下）変容する浅草。昭和40年代、松竹は流行に乗ってボウリング場を開く

東映大部屋役者の回想

一寸の虫Ⅲ

教師だった父

五野上力

江原真二郎追悼

佐川二郎と〝落しもの〟

「女房に逃げられた時よりカメラに逃げられた時の方が悲しかった」と言ったのは、俳優仲間の佐川二郎だ。先日、本箱（段ボール）の底に眠っていた台本の綴りを見つけた。同期契約の佐川とは色々思い出があるが、直接的現場話でないものはこれまで割愛してきた。今、特に記憶に残るのは、戦後間もない頃の彼の話。

自宅の近所にオンリー女の住まっていた所があって、或る日アメリカ駐留軍将校がやって来て泊った時の事。表に停めていた高級キャデラックに近所の小さな子供達が群がって触って見たりして騒ぐ様子に、将校が罵声を上げて叱り飛ばしているのを目撃した佐川。周囲が寝静まった深夜、寝床を抜け出し空地からコンクリートの塊を持ち出してキャデラックのフロントガラス目掛けて叩き付けた。翌朝、将校は表に出て来て仰天。フロントは運転席の中まで滅茶々々に毀れていた。この後が後年役者たる佐川二郎の実に素晴らしい所。通行人の彼は、人だかりの中で喚き立てる高級将校と破壊された高級車を見乍ら「こりゃヒドイや。トンデモねェ事をする奴がいるもんだナ。うん、非道い！」。

又、子供を三人抱えて暮らす佐川はその日の金千円に困った撮影所で仕出しの帰路、自転車を引き乍ら自衛隊のある朝霞までの道々、闇夜に側溝を手探りで、誰かが落したかも知れない金を求めて何キロも歩き、遂に泥に

五野上力

汚れた千円札をゲットした。
又、俺と佐川二人でやったことで、こんなのもある。或る日のロケでその道路の脇の田圃の中に落された(?)何やら知れない大きなパッキン器具の束を見つけた。二人でロケバス（当時の大型専用バスは他社のロケバスに比べ圧倒的に極彩色で派手だった）の後部に積み込み、撮影所近くの交番に届けた。何時か落し主が出て、その謝礼金を期待したのだが…（後にこの物体は道路工事用の配管パッキンの一部と判明）——

セリフ覚えの達人・江原真二郎VSセリフ覚えない達人・丹波哲郎

アフレコ（AR）が大の苦手だったボスこと丹波哲郎。彼は野際陽子が最大の天敵的存在だった。ボスは台本は初見だけで敢えて覚えようとしない。野際陽子がまたARを何の苦も無く演ってのける。これはもう天才だと誰しも認めていた。ボスと野際のやりとりだと圧倒的差が出るからボスは演り辛い（逆に）相手に違いない。いつだったか、その事を書いたことがあった。要するに一寸人間業でなかった。皆そう思って見ていた。何しろ彼女の場合、一回テストロールを見て合わせてしまうのだ。天敵的存在とはボス自身が口に（面白おかしく表現して皆を笑わせた）したが、彼はあまり気にしてはいなかったが、周囲の者は気を揉んでいた。ARは一応出演者全員のAR台本なるものをスクリプターが渡すのだが、これが又大変。なにせボス本人が、本番でどう喋ったか分からないから、ワキの者がボスと絡む役は時間が数倍必要になる。OKランプが出るまでツキ合わされる訳だが、それが己れの稽古にもなるので俺は好きだった。

江原真二郎は、台本は絶対現場へ持ち込まない事で有名な一人だが、相手の分まで覚えたら、「一度、その覚えたセリフを忘れる」という。『にっぽん泥棒物語』の、俺に依る方言指導に於いて、この「一度忘れるのが難しいんだよね」と俺に語った時は舌を巻いた。難解な東北弁を、しかも地元出身者でもなんでもないのに、見事にモノにした彼

丹波哲郎と江原真二郎

が、だ。

「グッモーニング、エブリバーデー、ユウアーOK?」。撮影がアップして、ARルームにやって来たボスに待ち構えていたように俺は声を掛けた。「ボス、観ましたよ。野村組の捜査会議。ワンシーン、ワンカット。凄いですね。十数分はあるでしょう? あんなの見た事ありませんよ」。松竹映画、野村芳太郎監督『砂の器』の捜査会議に於けるボス丹波哲郎捜査主任の演技だ。「うん、あれか? みんな驚いてるらしいんだな。な? 俺だってお前、演る時は演るよ、ちゃーんとナ? ハッハッハ。クッキー食うか? 今日はゼーンブ、お前にやる」

江原とボスの勝負? 勿論引分け。

無名俳優の中の教師の存在

思えば映画の現場で担当した方言指導という仕事も、学校教師だった父の血を引いている何かの作用なのかも知れない。求めてそうなった訳でも無いのに幾作品かの現場に立たされた縁がその事を物語っている気がしてならない。〝蛙の子は蛙〟と世間では良く言われた時代。運命に変哲が無ければ、俺もまた父・肇の後を継ぐ教師だったのかも知れないのだ。だが、そんな無名俳優が演じた役の中で教師の役はたったの一度しかない。タイトルも内容も忘却の彼方だが、青梅のとある小学校の体操の教師役だった事だけが残っている。

そしてもう一つ奇しき想いの出演がある。市民団体イベントの音楽劇の舞台がそれだ。或る年のクリスマスコンサートで、志木市教育委員会後援の「市民会館パルシティ」という団体が主催した「桜の木の下で」(作・演出望月泰宏)という作品でその客演協力の要請が東撮に来たのだ。それを仕切った当時の演技課長伊藤茂が送った四人の客演俳優の一人に俺が入っていた。

俳優・五野上力の役どころはその作品の物語の中心人物。つまり主役の「じっちゃま」だった。昭和初期、東京から或る村へやって来た音楽家。あらゆる音楽活動に心を燃やした男の、子供達の音楽の先生としての波乱万丈の生き方を扱った、反戦思想を根底に持つ音楽劇。当時、二期会々員のバス新保堯司、ソプラノ吉元恵子を加えた七団体のコーラス合唱団歌唱の展開——太平洋戦争を経て戦後を生き抜き死んで行く老音楽家「じっちゃま」先生。そのとき「親父が俺の中に生きている!」と実感した。父・肇も「じっちゃま」と同世代(太平洋戦争終結の年に死んだ)。名状し難い感覚が重なった。一寸変だがこの舞台で喋った中の一番長い台詞を紹介してみたい。少なくとも映画の現場のワンシーン、ワンカットではあり得ない量だ。しかし昔撮ったナントカ?ではないが逆に映画の短い細切れのセリフよりは楽に?演れた。決して自惚れるような自信ではないが、これも「われに手織座あり」のお蔭だったかも知れないと感じた。

以下が、その時のセリフ。

じっちゃま「(桜の木に話しかけるように)今年も綺麗に咲きそうだな。ありがとうよ。皆が儂や、まち子を喜ばせようと、毎年綺麗に咲かせてくれて有難うよ。でもな、この桜の木も今年限りみたいらしい。此処にスキー場が出来るんだとよ。この村が変わるんだと……それに儂もそろそろ皆の所へ逝く様な気がするんじゃ。まち子の事が気になるが、もう儂が居なくとも、立派に生きていける年だしな……儂は皆に迷惑ばかり掛けて来た。儂が不器用にしか生きられなかった為に皆を早死にさせてしまった。許してくれ。儂には自分の信念を捨てる勇気が無かったんじゃ。自分の青春を裏切る勇気が無かったんじゃ。東京を捨ててこの村に来た自分を裏切りたくなかったんじゃ。はるこ、儂たちが東京からこの村にやって来た時の事を覚えているか。東京の仲間達は歌をテクニックという面からしか捉えようとしなかった。時代が、また周りの人々が要求する歌を如何に綺麗に歌うかが彼らにとって大事だった。しかし、儂はそれに逆らった。歌は自然の叫びなんだと儂は主張した。時代に迎合する事なく周りに媚びを売る事なく儂たちが生きている証としての叫び、それが儂たちの歌なのだと主張した。しかし仲間達はそんな儂を跳ねっ返り分子として追放した。はるこ、お前だけが儂の味方だった。そして儂たちはこの村に来た。村での生活は楽しかった。歌う事の楽しさを初めて知った。人の為に歌うのではなく自分の為に歌う。そして、それが結果として人に喜びを与える。村での生活の中で、それが実感として分かるようになった……しかし戦争がそれを滅茶滅茶にしてしまった。儂は時代に負けたくなかった。負けたら、自分の青春を裏切る事になるからだ。儂は村の人達に逆らった。そして……なあ、みんな儂が間違っていたのだろうか。こんなふうにしか生きられなかった儂は、間違っていたのだろうか。なあ、はるこ、間違っていなかったと言ってくれ。儂は時代に左右される人間になりたくなかったのだ。はるこ……」

(ごのうえ・りき)

前田河廣一郎のこと

偽史ソ同盟映画

川喜多英一

昔からプロ文士では前田河廣一郎が贔屓だ。アメリカに渡り、資本主義、どころか労働運動の裏表まで体験してきた男の証言は、リアルかつ示唆に富む。或る町でホテルの炊事場に雇われると、同僚は黒人ばかり。白人たちはスト中で、働いてるのはスト破りの連中だった。組合に入れてもらえない彼等は、こんな時にしか時給の良い仕事が無いのだ。その帰り道、襲って来た〝組合の闘士〟たちに黒人たちは殴り殺される…こんな経験をしてきた男が、口先だけで熱を吹く、白き手のインテリ文士たちとレツ組めるか。骨董扱いされて忘れられた人だが、むしろ先が見え過ぎたゆえの絶望から、プロ文壇の前線から引いたんだろうネ。

『ソヴェートの連中と房吉』（創建社昭和6年刊）は、ソ連の工場で働いてきた房吉なる男に、彼の地の状況を訊く体裁になっている。房吉が実在するか否かは不明だが、房吉が「むやみとロシア通ぶりもしなければ、ソヴェートの現在が完全な既製品だとも思って居ないし、殊にすこしでもソヴェート・ロシアの現在の状態に批判を加へると反革命視したりするやうな威嚇的な態度がないのだ」という性格付けからして、作者の理想の労働者像なのは確かだ。

で、その房吉がコーカサスの砕氷船で働いているとき、ゴス・キノのロケ隊がやってくるのだ。船の連中も中央の命令でエキストラ、道具方、装置、照明にと駆り出される。房吉は電気の熟練工だから当然、電気係だ。筋は例によって例の如く革命物。カメラは三台、太陽が沈む頃から夜の一時二時まで撮影。監督は威張りちらし怒鳴ってばかり。マストの上の探海燈の動きが悪いと、自らマストを登っていって叩き壊すほどのヒステリー気質。誰に対しても「やり直し」の連続で絞りに絞る。

少年たちが反革命の船に忍び込むシーン。演じるは近くの街で拾ってきた浮浪児たち。メシを腹いっぱい喰わせてもらったあと、冷たい海中に放り込まれる。舷に垂らしてある縄梯子を頼りに一人ずつよじ登る。これがまたぞろ、やり直しの連続で、寒さに堪え得ず陸に逃げた者は、また海に放り込まれる。見かねた者が中止を献言すると、監督曰く「私の仕事を邪魔する権利を君等は持っているか」。これに答えて「人間を殺すのが手前の権利か、俺たちが監督になってやるから、手前自身が海の中に入ってやって見ねえ」。そして房吉が電気を消し、撮影は強制終了…前田河は、この横暴監督をエイゼンシュタインだと注しているが…さて、これなんて映画だろ？『戦艦ポチョムキン』とは、かなり中身が違うし…ま、全部作り話でもいいのだ。そもそも房吉が巡る各地の工場ときたら、有り得ないほどの好条件で、福祉社会達成か、のノリ。どうせ赤露が舞台の夢物語。インテリ青年に評判の映画監督を、シャレで特別出演させたって問題ないよね。（かわきた・えいいち）

捕物帳の系譜

大岡越前守をめぐって・映画篇

永田哲朗

名奉行の誉が高い大岡越前守忠相。二千七百石の旗本大岡美濃守忠高の第四子として延宝五年（１６７７）に生まれたが、一族の大岡忠真の養子となる。

普通旗本の次男以下は一生部屋住みといって肩身の狭い思いもしなければならない。それが千九百二十石の旗本の養子になれたのはまことに幸運だった。そして二十六歳で御書院番となり、御徒士頭、御使番、お目附役と累進して江戸へ戻って来、四十一歳の若さで南町奉行となる。異例のスピード出世ぶりである。

講談に始まる

講談では将軍吉宗が紀州時代に山田奉行大岡の剛直さを知っていて抜擢したことになっているが、それは前将軍家宣とその側近間部詮房だった。しかし吉宗は前将軍時代の幹部である大岡を解任せず南町奉行に赴任させたのは流石に人を見る目があったといえよう。

〝大岡捌き〟として伝えられているもののネタ本は、中国の『棠陰比事』という裁判官必携の書といわれている。これが日本では『桜陰比事』『鎌倉比事』と真似て作られた（田村栄太郎『実録小説考』による）。

明治二十九年刊行の帝国文庫に収録された『大岡政談』には、

天一坊、白子屋お駒、煙草屋㐂八、村井長庵、直助権兵衛、越後伝吉、傾城瀬川、畔倉重四郎、小間物屋彦兵衛。後藤半四郎、松田お花、嘉川主税、小西屋、雲霧仁左衛門、津の国屋菊、水呑村九助

の十六件がある。

なんといっても一番有名なのは天一坊事件だが、実際には関東郡代伊奈半左衛門が取調べたものであるし、煙草屋㐂八は盗賊田子の伊兵衛の誤認で、この中で越前が実際に裁いたのは白子屋お熊（お駒）一件だけという（『実録小説考』）。

宝永年間に京都所司代をつとめた板倉重宗の治績を記録した『板倉政要』の中の話や、同時代の北町奉行中山出雲守時春の裁判した事件も、みんなまとめて面倒みよう式に『大岡政談』や『大岡仁政録』に入っているという次第で、被支配階級を愛護する例外的な武士の代表として、江戸市民の神のように祭り上げられた格好である。

品行方正、人情味豊かで不正を憎み、世事の表裏を通じ、非常に柔軟性のある裁きをした大岡越前守を、

〈江戸市民ないし庶民が愛好し、神格化していこうというのは、日頃あまりにもその反対の裁判ばかりされて不満やるかたない民衆のレジスタンスととれないこともない。いや大岡政談こそそうした声なき声の民がつくっていった民衆の作品といえるのではないかと思われる。〉

と『歴史家のみた清談の主人公』の中で高橋磌一氏が書いているが、全くその通りである。

先に挙げた『大岡政談』の十六件が

ほとんど作り替えられたものであったとしても、その任期中に、家族・親類への罪への連座制や拷問の廃止など、刑罰を軽減した実績があるし、裁判ばかりでなく、町火消も生むなど、防火対策に手を打ち、さらに新田開発や物価問題にも大いに力を注ぎ、吉宗の片腕として働いた。ただし、売春婦の徹底的取り締まりや徳川家の事に関する出版物を禁止したことは、民衆の味方大岡らしくない一面でもある。権力の中にいる立場の者として仕方のなかったものか。しかし、何にしても第一級の能吏だったことは間違いない。

　在職十九年、元文元年（１７３７）。六十歳で寺社奉行となる。これに関しては相場を牛耳る大商人たちの力を封じようと務めたのを、ライバル的存在の北町奉行稲生正武や、勘定奉行松波正春を取り込んだ豪商の圧力による、栄転を装った左遷だったという説がある。

　寺社奉行というのは本来、老中候補である譜代大名が就く職であり、旗本上がりの大岡はとかく嫉妬され煙たがられたらしい。さらに奏者番へ進み、一万石の大名に列したが、こういうケースは極めて稀なので、元からの大名たちからは浮いてしまい、いわばいじめを受けた格好だ。その時は七十過ぎの老人だから、真面目な大岡にとって果してよかったかどうかは分からない。奏者番在職のまま宝暦元年（１７５１）世を去った。

やはり天一坊事件が

　『大岡政談』と名のつく映画は驚くほど多い。ただし、大岡越前守が主役の場合と、単に裁きの場につく、いわば脇役のケースとがある。さらに『大岡政談』のタイトルなしで、ちょっと名前だけ出るものも中にはある。何かにつけてそのネームヴァリューは利用されやすいようだ。

　最も有名な「天一坊事件」などは、天一坊が一人歩きしているし、権三・助十や村井長庵も同様だ。いずれにしても『大岡政談』は〝大岡裁き〟であって捕物帳とは違うということ。大岡越前は白洲の場での主人公であり、格別アクションはない。講談、読み物の上での人気はトップ級だが、捕物映画のジャンルでは遠山金さんと違って派手な動きがない分、大岡越前個人としての人気は落ちる。大岡越前が本当の意味で人気者になったのはＴＶのお陰といっていい。

　それを踏まえた上で、まずスクリーンに登場した回数二十本前後を数える「天一坊事件」をとり上げてみよう。

　将軍吉宗が紀州侯時代に生ませた子が、ご落胤として名乗り出、親子御対面を申し立てて大名行列の如く東海道を下ってくる。吉宗は身に覚えがあるという。実際のご落胤なら天下の一大事だ。天一坊側の軍師山内伊賀亮はなかなかの人物で、老中松平伊豆守信祝（のぶとき）（智恵伊豆の曽孫）の吟味に対し、証拠の品を見せ、滔滔と弁じ立てて信用させたが、大岡越前は疑念を持ち、再吟味を願った。吉宗は早く親子対面をしたいので越前の願いをしりぞけ閉門を

『武道千一夜』では伊賀亮が大河内、天一坊は黒川弥太郎

申しつける。越前は日を切って部下に再調査を命じ、その日限まで結果が出ず、やむなく切腹という土壇場で紀州から天一坊が偽物である証拠がもたらされ、天一坊らを処分することができた。越前と伊賀亮の対決、越前あわや切腹というスリルもあって、ドラマとしては盛り上がるのだ。

記録では明治四十三年の『大岡政談・徳川天一坊』が最初の映画化で、尾上松之助主演作品。牧野省三も何度も作っているが、大正十五年のマキノ映画『天一坊と伊賀亮』がやはり作品的に注目される。天一坊・伊賀亮＝市川猿之助（猿翁）の二役。大岡は市川八百蔵。額田六福の原作を直木三十五が脚色したもので、衣笠貞之助の監督。従来の天一坊の解釈と全く違う天一坊と伊賀亮を近代的思想の持ち主として描いたといわれる。猿之助の一人芝居の評があるほど、その演技力は素晴らしかったようだ。

同年帝キネが『伊賀亮と天一坊』と題し、天一坊＝中村小福、伊賀亮＝明石緑郎、大岡＝片岡童十郎で製作している。同社では大作である。

昭和五年松竹の『大岡越前と天一坊』は、天一坊が本物であると分かっていながら、徳川幕府安泰のため、あえて偽物として捕える政治の非情さが良く伝わらないと評された。天一坊＝阪東寿之助、伊賀亮＝中村吉松、大岡＝嵐徳三郎。

八年衣笠貞之助監督が再び『天一坊と伊賀亮』を発表する。天一坊＝林長二郎（長谷川一夫）、伊賀亮＝市川右太衛門、大岡＝藤野秀夫。ここでは伊賀亮がニヒリストで天一坊を操って天下を狙う。そのため偽の天一坊をいかに本物のご落胤に仕立て上げるかというプロセスが前半の主題で、後半は伊賀亮が力量発揮。右太衛門のヴォリュームと押しの芝居となる。

十一年大都映画の『大岡政談・双龍一殺剣』は反抗児で権力への反感を持ち、吉宗のご落胤の証拠を持つ婆さんを殺して手に入れた天一坊が、浪人山内伊賀亮の指導助力を得て、野望を燃

やす一篇。天一坊＝近衛十四郎、伊賀亮＝海江田譲二、大岡＝藤間林太郎。

　十三年の東宝『武道千一夜』。旅先で天一坊と知り合った伊賀亮は、人間として男として夢と野望に燃えようと、ご落胤の大名行列まで仕立てる。天一坊は止宿先の郷士の娘と駆け落ちしようとするが、最後は敗けを覚悟の賭けに出るのだった。天一坊＝黒川弥太郎、伊賀亮＝大河内伝次郎。

　戦後では二十三年大映の『素浪人罷り通る』。天一坊が本当のご落胤で、父に逢いたいだけで世に出て来たのに、天下政道のため、公儀の権威を守るため、悲痛な叫びも圧しつぶされてしまう。天一坊＝片山明彦、伊賀亮＝阪東妻三郎、大岡＝守田勘弥。

　三十五年松竹の『天下御免』は天一坊＝北上弥太郎、伊賀亮＝森美樹、大岡＝松本幸四郎。

　三十六年東映の『八百万石に挑む男』は天一坊＝中村賀津雄（現・嘉葎雄）、伊賀亮＝市川右太衛門、大岡＝河原崎長十郎。これも幕府の政策のために抹殺される若者の哀切と、権力に対し敢然と挑む伊賀亮の闘いが講談ダネだった作品のグレードを高めた。

　『天一坊事件』の場合、大岡越前は守る側で、伊賀亮の策謀、弁舌を受けて立つのだが、どうしても天下を相手にする野望に燃えた男山内伊賀亮の存在が大きく見えて、ガップリ四ツに組んだ感のあるのは右太衛門vs河原崎長十郎ぐらいのものじゃないか。森美樹vs松本幸四郎など役者が違う。ただ、この時は若い森がよく幸四郎と渡り合ったとほめていた。

林不忘が変えた

　『大岡政談』と謳って最も異色の作品が、昭和二年に発表された牧逸馬、谷譲次の別名を持つ林不忘の新聞連載小説『大岡政談・鈴川源十郎の巻』である。人気沸騰して、東亜、マキノ、日活三社競作となった。タイトルからいえばワルの旗本鈴川源十郎がシンのはずだが、「独眼隻腕の剣怪」と書かれた異形のニヒリスト丹下左膳が、本来敵役なのに主人公になってしまい、その後も『大岡政談』など関係なく、チャンバラ映画一方のヒーローとして長く活躍し、女左膳さえ生まれた。

　実は林不忘の前に、邑井貞吉の講談『大岡政談』があり、隻眼隻手の日置民五郎と旗本鈴川源十郎のコンビが悪行を働くというもの。〝新版〟は日置を左膳に置き換えた以外、登場人物の名はそのまま使われている。ただストーリーは全く別である。〝新版〟が新聞で評判になり映画化されると決まったとたん、帝国キネマがチャッカリ『大岡政談　鈴川源十郎の巻』三部作を速製し、〝新版〟より先に封切った。日置には松本田三郎が扮し、隻眼隻手で立回ったが、これが左膳の原型といえなくもない。

　一カ月遅れて東亜＝団徳麿、マキノ＝嵐長三郎（寛寿郎）、日活＝大河内伝次郎が登場したが、日活は伊藤大輔監督がニヒルな反逆者にし、封建的武士社会を批判した。左膳はただの剣怪ではなく、暗い時代の閉鎖的雰囲気を吹き飛ばすヒーローとなったのだ。

八年に『新講談丹下左膳』が復活するや、ただちに伊藤・大河内の名コンビで『丹下左膳・第一篇第二篇』が製作された。今度は百万両の秘宝を秘める〝こけ猿の壺〟をめぐる争奪戦で、この時はじめてトーキーによって映画の左膳は声を持った。そして、あの有名な「シェイは丹下、名はシャ膳」という奇ッ怪な訛りの科白が飛出し、これがかえって強烈なインパクトを与えて大河内左膳の人気をあおったのである。

ところが伊藤監督が日活を退社したため、十年に山中貞雄監督が代わって『丹下左膳・尺取横町の巻』を撮る。これに対し原作者林不忘が文句をつけたため『丹下左膳余話 百万両の壺』とタイトルを変えた。伊藤作品の続篇じゃなく山中監督の独立作品であり、ニヒルの剣鬼左膳が気のいい庶民的な明朗型になり、キャラクターが一八〇度転換してしまったのだ。余りの変わりように皆驚いて、社長が監督をクビだと怒ったそうだが、公開されると伊藤作品をしのぐ大評判で、現代劇タッチの作風がインテリ層にも受け、ますます左膳の人気を高めた。

以後製作される『丹下左膳』は、ニヒル型と明朗型二通りのものが現われることになる。時代劇屈指の人気者として前後篇も数えて三十本以上作られている。

林不忘原作ではもう一つ『大岡政談魔像』がある。これは御書院番になった神尾喬之助が組頭の惚れた女性を娶ったため恨みを買い、十七名の同僚から徹底したいじめに遭う。堪忍袋の緒を切った神尾は組頭を斬って飛び出し、十七名の首を一人ずつ頂戴すると宣言。彼と瓜二つの喧嘩屋茨右近がタッグを組んで大江戸を騒がせる痛快篇。伊藤・大河内のコンビで五年〜六年に製作され大喝采を浴びた。大岡は味な裁きを見せる。

これを阪妻が十一年にやって、チャンバラの面白さで好評を得た。大岡には長老・松本泰輔がなった。阪妻はこの『魔像』が気に入ったと見え、戦後の二十七年にも松竹で再演している。

東映では二十一年大友柳太朗、三十五年若山富三郎が神尾を演じた。この時は右太衛門が大岡で十徳姿の俳匠に扮し気持良さそうに杖を振るった。三十七年『血文字屋敷』の題名で大川橋蔵が主演。茨右近が死んで神尾を逃がしたと記憶する。替って大岡には大友がなった。

錦之助の可能性

映画初期の頃には『村井長庵』とか『越後伝吉』『煙草屋㐂八』等もしばしば登場したが、その後はパタと止まり『権三と助十』のみユーモラスな要素があるからか、これはずっと作られている。大正十三年マキノの『権三と助十』は、大岡にトップスター市川幡谷、権三＝片岡松太郎、助十＝片岡市太郎の顔ぶれ。昭和五年やはりマキノの『お化け同心』は、大岡＝小金井勝、権三＝沢田敬之助、助十＝市川米十郎。十年松竹の『かごや判官』は、大岡＝林長二郎、権三＝坂東好太郎、助十＝高田浩吉他、オールスター出演というリキの入った作品。権三と助十が人殺しの犯人と間違われ、長屋の住人総出でてんやわんやの大騒ぎになったのを大岡が解決する。権三・助十ものにはこのテの話が多い。

大岡がメインタイトルになったものでは、八年右太衛門プロが谷崎十郎主演で作った『二人大岡越前守』があり、題名だけで興味を引かれる。十年松竹の『大岡越前守切腹』にもギョッとさせられる。尾上栄五郎主演で、亡き尾張宗春の遺児が現われ、将軍家と尾張家との秘密文書をめぐって、大岡が切腹を覚悟する危機に陥る話だが、テーマのわりには推理的手法が見えなかった。十四年には大都映画が杉山昌三九主演で『鞍馬獅子』というクラマテングの親戚かと思いそうな大岡越前を発表している。

十四年に新興キネマが市川右太衛門の『大岡越前守』を作る。ズバリのタイトルと大物スターの主演で〝大岡もの〟のグレードを高めた感がある。もちろん右太衛門は貫禄十分。翌年も『大岡政談・通り魔』を撮る。保養先で殺人事件が発生し、江戸以外の土地で自ら推理するという珍しいもの。十六年の『阿修羅姫』も伊勢旅行の帰途、事件に遭遇するいわばアウトドア的活躍だ。普通ならこれでシリーズが続行するところだが、戦時体制下、娯楽映画がシボられたせいか三本にとどまった。しかし戦後の二十四年大映で『大江戸七変化』で復活。若山富三郎の『魔像篇』で、若山とハリ合って立回りを見せている。

二十六年の大映作品『阿修羅判官』は吉川英治原作。若き日、放蕩無頼の生活を送って大岡市十郎が、行状を改めて名奉行大岡越前守になるという「鬼平」みたいな話。それにしても相当な年輩の大河内伝次郎に〝若き日の越前守〟は無理だった。

三十年に月形竜之介が東映で中篇ものの『血煙り地蔵』と『黄金夜叉』の二本を撮って、渋い味を出していた。他に大友柳太朗の〝丹下左膳シリーズ〟でも大岡役をつきあった。

戦前の人気スター坂東好太郎が製作再開した日活で三十年『人肌蝙蝠』で大岡をやり、三十五年新東宝でも『生首奉行と鬼大名』をやっているが、往年の颯爽たる面影が失われていたのは痛々しかった。

三十三年には天狗と右門を撮れなくなった嵐寛寿郎が新東宝で『稲妻奉行』と『黄金奉行』を出す。仮宅とお白洲だけの大岡とは大違いで、単身変装して隠密に市中を探索し、しばしば危機に陥るが、短銃をブッ放したりして切り抜け、事件を解決する。いわば〝武闘派越前〟で、配下の連中が逆立ちしても追っつかないほど行動力旺盛。十八番だった鞍馬天狗バリに覆面スタイルも見せ、遠山金さんもビックリだ。

東映の三十六年『江戸っ子奉行　天下を斬る男』は、中村錦之助（萬屋錦之介）が若き日の大岡忠相になり、愛する女の無実を明かすため、権力に抗して孤軍奮闘する。錦之助独特の熱っぽい演技が最高潮に達して好感を呼ん

『大岡政談・通り魔』広告

だ。単なる捕物裁きや推理・探偵ごっこでなく、血の通うこういう取り組み方ならば、古めかしい講談を連想させる『大岡政談』もリニューアルして大衆のハートをとらえるのではなかろうか。そんな可能性を見出させた佳作である。これは錦之助作品のベスト10に入るものだ。

『大岡政談』として部下の木川良助が手腕を揮うのが〝木川良助捕物帳シリーズ〟で、日活が十一年に『名刀安綱の行方』前後篇、『銀之丞異変』前後篇、『大岡政談・蝙蝠組』を作った。木川は二枚目の沢田清、大岡は第一作が市川小文治、第二、第三作は進藤英太郎が神妙に演じていた。後年、東映で憎々しい悪役で売るようになるとは想像もつかないほどだ。

大岡越前守の四天王の一人池田大助は、前髪の敏腕探偵として野村胡堂の捕物帖もあるが、映画では三十三年日活の『血染の白矢』きり。長門裕之が主演したけれども、ニンじゃなかったので、全く人気が出ず一作だけで終わった。

（ながた・てつろう）

本稿は〝捕物帳〟ジャンルの映像作品で、大岡越前守をめぐる作品を語ったエッセイである。

＊

永田哲朗の名著『殺陣』は、剣戟シーンすなわち〝チャンバラ〟に特化したもので、時代劇を愛する彼ならではの著作であった。それは侍と侍の勝負の世界である。しかし時代劇には庶民生活の魅力を活かした大きなジャンルがある。捕物帳だ。元祖・半七に始まり、黒門町の伝七、銭形平次、人形佐七、むっつり右門、若さま侍…それは吾国の大衆小説の歴史と表裏一体であり、これらがシリーズ化され、観客の人気を呼んでいた時代こそが、映画黄金時代でもあったのだ。むろんシリーズと無縁の単発ものの作品にも、なかなか滋味掬すべき作品のあることは、言うまでもない。

永田は現在、この一大ジャンルを総解説する本を準備中である。〝資料〟ものでは定評ある著者である。大岡越前守に就ても完璧なフィルモグラフィが付される予定である。既にエスキスとなる構想は成っている。資料も日々充実しつつある。心ある出版人、編輯者の参画を待ちたい。

（編輯・丹野識）

アレクサンダー・コルダとロンドン・フィルム

ダーティ工藤

第一章　ハンガリー時代と流浪時代

アレクサンダー・コルダ（1893〜1956）は、ユダヤ人の両親のもとオーストリア＝ハンガリー帝国時代のプスタトゥールパーストー（現トゥールケヴェ市）で生を受ける。ハンガリー語名はコルダ・シャーンドル。出生名はケルネル・シャーンドル・ラースローだが、商業学校の標語であるラテン語（スルスム・コルダ！＝心を高く挙げよ！）が気に入ってコルダ姓を名乗るようになったとか。ブダペスト王立大学卒業後は新聞記者となり日刊紙「独立ハンガリー」のパリ特派員となる。やがて第七芸術たる映画に興味を示して、「活動写真ニュース」などの映画雑誌に寄稿し鋭い批評で評判を取っていた。また若きケルテース・ミハーイ（マイケル・カーティス）も寄稿者のひとりだった。ふたりの関係はアンドレ・バザン主宰による映画雑誌「カイエ・デュ・シネマ」における映画評論家時代のジャン＝リュック・ゴダールとフランソワ・トリュフォーを思わせる。

アレクサンダー・コルダ

ハンガリー映画産業の先駆者たるヤノヴィッチ・イェネーは、脚本家シクローシ・イヴァーンの勧めもあり、トランシルヴァニアの古都コロジュヴァールにアレクサンダー・コルダと後に監督となるゾルタンと美術監督となるヴィンツェ（ヴィンセント）の二人の弟を呼び寄せて映画製作に乗り出す。イェネーは14年に映画会社プロヤを設立。コルダはここで映画製作の何たるかを学んだ

『トロイ情史』

という。プロヤは後にコルヴィン映画製作所、トランシルヴァニア映画製作所と名を変え、20年まで48本の映画を製作した。コルダは14年、新聞記者時代の経験を生かした初の監督作品『騙された記者』を撮る。17年には独立してブダペストに戻りコルヴィン映画製作所を買収し、作品の大量生産が可能なるように撮影所を組織した。14年に第一次世界大戦が勃発し、大戦中はアメリカ、フランス、イタリア映画の上映が禁止され、結果的に自国の映画が繁栄した。18年には100本もの映画が製作されて、デンマーク、アメリカ、ドイツ、イタリアと肩を並べるほどになっていた。

後にサミュエル・ゴールドウィンにスカウトされハリウッドへ行きロナルド・コールマンやルドルフ・ヴァレンチノと共演して無声映画時代のスターとなったヴィルマ・コンシクス（ヴィルマ・バンキー）や、ユニヴァーサル映画『魔人ドラキュラ』（31年・トッド・ブラウニング監督）でドラキュラ伯爵を演じて怪奇スターとしてブレイクしたベラ・ルゴシ・ブラスコ（ベラ・ルゴシ）などのスターも輩出した。

コルダはこういった状況を鋭く見抜いて映画産業隆盛の波に乗ったのだった。ハンガリー時代のコルダ作品は

『ヘンリー八世の私生活』。チャールズ・ロートンとビニー・バーンズ

ほとんど失われたと言われているが、唯一18年の『黄金の男』が現存していると言われている。本作は当時の人気作品で、ハンガリーで二度に渡ってリメイクされたという。この間の18年、ハプスブルグ家支配によるオーストリア＝ハンガリー帝国が瓦解。19年、ソビエトの肝いりによるハンガリー共産主義革命が巻き起こる。かくして反ユダヤ主義が蔓延し撮影にも支障をきたす状況となるが、目先の利くコルダは何とか乗り切る。やがて共産主義勢力が駆逐されて右翼勢力が政権を握り、今度は共産主義政権に加担した人々に圧力が加えられた。そこでコルダは最初の妻で、『サムソンとデリラ』(23年)『ハプスブルグ家の悲劇』『イスラエルの月』(以上24年)『トロイ情史』(27年)など彼の作品に多数出演することになる女優のマリア・コルダと共に、オーストリアに難を逃れる。だがマリアとは30年に正式に離婚した。ケルテース・ミハーイ

もハリウッドに新天地を求めマイケル・カーティスというアメリカ名で娯楽映画の名手として活躍することになる。

コルダは、その後ウィーン（20〜22年）、ベルリン（23〜26年）、ハリウッド（27〜30年）、パリ（31年）と世界各国で監督を続ける。筆者が数本観た中では、マルセル・パニョルの有名戯曲マルセイユ3部作（「マリウス」「ファニー」「セザール」）の最初の映画化でマルセル・パニョル自らが映画脚本を手掛けた、31年のレイミュ、ピエール・フレネ主演の『マリウス』が佳作であった。ハリウッドではユナイト映画（ユナイテッド・アーティスツ）で『トロイ情史』（27年）ほか4本を監督するが平凡な出来と伝えられる。名門大学出身のインテリで理想主義者のコルダとしては、製作者の言うがままに撮らねばならぬハリウッド式職人監督には耐え難いものがあったのかもしれない。

第二章　ロンドン・フィルムの設立と隆盛

31年、コルダはパラマウント＝ブリテッシュ製作によるレスリー・ハワード主演のコメディ『婦人に御給仕』を監督するためロンドンへやって来る。本作は後に夫人となるマール・オベロンとの初コンビ作品であった。作品を手早く仕上げたコルダは、この地がいたく気に入った。ここなら彼の理想とする映画作りが出来ると思い立ったコルダは、32年2月に〝ロンドン・フィルム〟を設立する。社名は13年にラルフ・テニスン・ジュップが設立した名を甦えらせたものだった。ジュップはプロヴィンシャル・シネマトグラフィ・シアターズの創立者で、トゥイクナムに当時としてはイギリスで最大級の撮影所を建設し、ロンドン・フィルムと名付けた。製作・配給・興行を一手にコントロールする、いわゆる垂直統合を最初に始めたイギリス人であった。またアメリカ映画との提携を初めて推し進めるなど、野心家たるコルダとの共通点も多い人物である。

そしてコルダにとって追い風となったのは、27年に制定された〝スクリーン・クオータ〟である。これは当時、自国映画の割合が著しく低くなっていたことを受けて、劇場は自国映画を積極的上映せねばならない、という国の制度である。これによって自国の映画製作は飛躍的に伸びたが、一方では低予算による粗製乱造作品が増大するという弊害もあった。知識人でもあったコルダは、この現状を鑑みて良質の作品と効果的宣伝をすれば必ずヒットし、今まで欠けていた知識層や上流階級層も取り込むことが出来るという自信を持っていた。コルダはハンガリー時代同様、ゾルタン、ヴィンセントの二人の弟を呼び寄せ、さらにハンガリー以来の旧友で脚本家のラヨス・ビロも招聘した。

第一作『ウェディング・リハーサル』は平凡な興行成績だったが、満を持して製作・監督した『ヘンリー八世の私生活』（33年）が大ヒットする。妻を6人もチェンジして好色王と陰口を叩かれたヘンリー八世の三面記事的私生活を描いた内容は当時としてはスキャンダラスであった。ヘンリー八世を演じたチャールズ・ロートンがアカデミー主演男優賞を受賞して、アメリカでも大成功を収め、沈滞していたイギリス映画が国際市場へ出る切っ掛けとなった。大成功はスキャンダラスな内容とロートンの名演技であるのは疑いないが、その裏でコルダなりの計算がされていた。即ち本作のワールド・プレミアを前年32年に建立されたばかりのニューヨークのラジオ・シティ・ミュージック・ホールにおいて開催して話題を盛り上げ、二週間後にロンドンのレス

『カザリン大帝』。エリザベート・ベルクナー、フロラ・ロブスン、ダグラス・フェアバンクスJr

ター・スクエア劇場で公開という段取りを踏んだのであった。今では普通になったワールド・プレミアを最初に効果的に利用したのは他ならぬコルダであったのだ。

『ヘンリー八世～』の大成功を受けて、コルダは国際路線開拓へ本格的に参入して行くことになる。世界各国で映画を撮ったことから、数ヶ国語を操り各国の映画界に多くの知人を得ていたコルダは、そのツテから外国から多くの人材を招聘する。ロシアのロマノフ王朝を舞台にした『カザリン大帝』(34年)は、コルダと同じハンガリー出身で、ドイツ映画界で活躍していたパウル・ツィンナーを演出に起用した。監督夫人でドイツ映画界のスターであったエリザベート・ベルクナーがカザリン大帝に扮したが、『ヘンリー八世～』のようなスキャンダラスな味付けとエロティシズムに欠け興行的には惨敗した。『カザリン大帝』に出演したダグラス・フェアバンクス・Jrの父ダグラス・フェアバンクスを主演にした『ドン・ファン』(34年)は、伊丹万作監督の『国士無双』(32年)のように本物が偽者に負けてしまうという皮肉な内容で(原作はアンリ・バタイユの戯曲)、コルダらしいエスプリの効いた秀作だったが、これも興行的には厳しかった。だがバロネス・オルツィの大衆小説を映画化しハリウッド出身のハロルド・M・ヤング監督による『紅はこべ』(34年)が大ヒットして息を吹き返した。

37年には続篇『紅はこべの逆襲』(ハンス・シュワルツ監督)も製作された。スコットランドの古城がアメリカ人の富豪に買い取られ、そこに住む幽霊(ロバート・ドーナット)ともどもフロリダに引っ越すという英国気質と米国気質を対比した風刺喜劇『幽霊西へ行く』(35年)では、フランスの名匠ルネ・クレール監督が招かれた。もう一人のフランスの巨匠ジャック・フェデールが監督した『鎧なき騎士』(37年)は、ハリウッドからマレーネ・ディートリッヒを招いた話題作となった。H・G・ウェルズのSF小説を映画化した『来るべき世界』(36年)は、ハリウッドで美術監督などをしていたウィリアム・キャメロン・メンジスを呼んで監督させた大作。当時ならではの巨大なセットとH・G・ウェルズならではの鳥瞰的世界観がうまく刷り込まれた力作となった。ウェルズものの第二弾『奇蹟人間』(37年)は、ハリウッドから呼んだ監督ロウター・メンディスの力量不足もあって成功作とはならなかった。

ハリウッドの巨匠ジョセフ・フォン・スタンバーグを

招いた『朕、クローディアス』（37年）は、主演のチャールズ・ロートンとスタンバーグの対立、ヒロインのマール・オベロンが交通事故に遭うなどトラブル続きで、結局未完に終ってしまった。マレーネ・ディートリッヒとのコンビを解消後、スタンバーグはハリウッドで使いにくい監督として作品が撮れなくなっており、今回は彼のファンでもあるコルダが手を差し伸べた形だったが、気難しいスタンバーグに終始振り廻された格好となったようだ。かなりの大作だっただけに、コルダの精神的、経済的な痛みもいかばかりだったであろうか。

　コルダが久々に監督した画家レンブラントを描いた『描かれた人生』（37年）は、レンブラントに扮するチャールズ・ロートンの名演ときめ細かい演出、そして弟ヴィンセントの素晴らしい美術もあり見事な傑作に仕上がった。この間の35年、コルダはかねてからの根回しの結果、ユナイテッド・アーティスツの重役となった。これによりロンドン・フィルムの作品は同社を通じて世界に配給される運びとなった。かくしてイギリス映画の国際配給というコルダの夢が、晴れて実現したのだった。

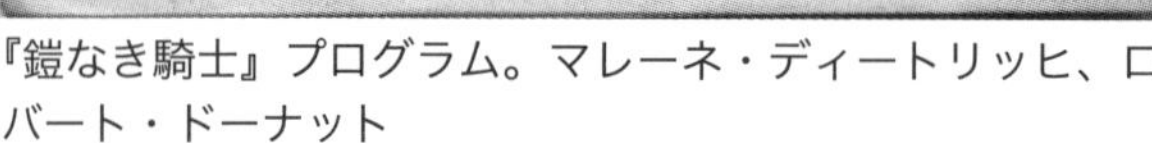

『鎧なき騎士』プログラム。マレーネ・ディートリッヒ、ロバート・ドーナット

第三章　ロンドン・フィルムの一時閉鎖とハリウッド時代

　第二次世界大戦が勃発した39年には、連合軍側として参戦したイギリスのために、いち早く『ライオンの翼』というイギリス最初のプロパガンダ航空戦争映画を製作した。だが、この後すぐに戦時体制のため所有するデナム撮影所が接収され映画製作が厳しくなったコルダは、一時的にロンドン・フィルムを閉鎖しハリウッドへ渡った。

　かの地ではロンドン時代より2年がかりのテクニカラー大作『バグダッドの盗賊』（41年・ルドヴィヒ・ベルガー、マイケル・パウェル、ティム・フェーラン、ゾルタン・コルダ、ウィリアム・キャメロン・メンジス共同監督）を製作・監督して、何とか完成にこぎ着けることが出来た。レディ・ハミルトンとネルソン提督の燃えるような恋を描いた『美女ありき』（41年）では、私生活でも不倫熱愛の末、お互いの離婚が成立して40年に晴れて結婚したヴィヴィアン・リーとローレンス・オリヴィエを主演に据えた。リーの神がかり的な美しさが際立ち、ハリウッド製ながら全篇ジョンブル魂に貫かれたコルダの力強い演出が光る秀作となった。オリヴィエとリーの映画での共演は『無敵艦隊』（37年・ウィリアム・K・ハワード監督）『21日間』

「四枚の羽根」プログラム。ジョン・クレメンツ、ジューン・デュプレ

（37年・ベイジル・ディーン監督）と本作の3本だけだが、いずれもコルダ製作によるロンドン・フィルム作品である。

　亡命中のフランスの名匠ジュリアン・デュヴィヴィエによる『リディアと四人の恋人』（41年）は、39年に結婚したコルダ夫人マール・オベロン主演によるデュヴィヴィエの自作『舞踏会の手帖』（37年）のリメイク的内容で、二番煎じの感は拭えなかった。共に渡米していた弟ゾルタンには、ラドヤード・キップリングの少年冒険小説を自社の『ドラム』（38年・ゾルタン・コルダ監督）『バグダッドの盗賊』の少年スター、サブウ主演で映画化したカラー作品『ジャングル・ブック』（42年）を監督させた。

　これらの功績もあり、42年コルダはMGM＝ロンドン・フィルムの責任者となった。だがMGMとの提携は、大戦末期に自ら『見知らぬ人たち』（45年）を監督したに留まり、やはりハリウッド的商業主義とは相容れなかったのであろう。しかし同年、ウィンストン・チャーチル首相より映画人としては初の〝サー〟の称号を受勲されるという、コルダにとっては最高の名誉を与えられることとなった。

『バグダッドの盗賊』プログラム。コンラート・ファイト、サブウほか

第四章　ロンドン・フィルムの再建と終焉

戦後はコルダの留守中にアーサー・ランクが、かつてのロンドン・フィルムを凌ぐほどのランク王国を作り上げていた。コルダはまず小規模ながら撮影所を再建し、ブリティッシュ・ライオンを傘下に収めて配給部門を確立させた。さらに二十世紀フォックスと提携を取り付けて海外ルートも取りまとめた。かくして47年には待望のロンドン・フィルムを再建させた。

その第一作はハリウッドからポーレット・ゴダードを招いたカラーによるコメディ『理想の夫』(48年)で、コルダ自らが監督した。ちなみに本作はコルダ最後の単独監督作となった。次のジュリアン・デュヴィヴィエ監督による大作『アンナ・カレニナ』(48年)は、アンナ・カレニナ役のヴィヴィアン・リーの熱演とは裏腹に、青年将校ブロンスキー役のキーロン・ムーアのミスキャストが響いてか、予想以下の出来映えとなってしまった。

アーサー・ランク傘下のトゥー・シティーズ製作による『邪魔者は殺せ』(47年)で製作費超過で揉めたキャロル・リードは、予てから声をかけられていたコルダの誘いを受けることになる。グレアム・グリーンが自作の短篇小説を脚色した『落ちた偶像』(48年)は、少年を使った心理スリラーともいうべき作風で、作品の高評価と共に興行的な成功も収めた。続く『第三の男』(49年)は、グレアム・グリーンのオリジナル脚本で、ロバート・クラスカーの光と影を縦横に操るカメラ、アントン・カラスのチターによる魅惑的な音楽、オーソン・ウェルズ、アリダ・ヴァリの存在感、そしてキャロル・リードの神がかったキレのある演出によって、映画史に燦然と輝く名作が出来上がった。製作にリードとコルダに加え、ハリウッドの独立プロデューサーの大立者デヴィッド・O・セルズニックが加わっているのが目を引く。これは『落ちた偶像』のアメリカ配給をセルズニックが手掛けたことから実現したという。共同製作者ということでセルズニックは様々な場面で強権は発動させたが、リードとコルダの本作に賭ける熱情は凄まじく、さしものセルズニックも大幅な譲歩を引き出されたそうな。こうして疲弊したイギリス映画界にカツを入れるとともに、コルダ健在を全世界にアピールした。

その後もロンドンの貧民街を舞台にしたキャロル・リード監督の佳作『文なし横丁の人々』(55年)や、ローレンス・オリヴィエが製作・監督・主演で三度目のシェークスピア作品に挑戦したカラー大作『リチャード三世』（55年）を手掛けるなど精力的に活動を続けた。最後に手掛けたのは弟ゾルタンが39年に監督した『四枚の羽根』のリメイクである『ナイルを襲う嵐』（55年）であった。共同監督のテレンス・ヤングはロンドン・フィルムの生え抜きで、46年に監督に昇進している。

そして56年、巨星サー・アレクサンダー・コルダは、ロンドンにおいて心臓発作により62歳の生涯を閉じた。それに伴いほぼ彼のワンマン経営であった、ロンドン・フィルムもその役割を終えることとなった。どん底にあった戦前のイギリス映画を世界的に広めたコルダの功績は永久不滅と言っても過言ではないだろう。

92年、英国アカデミー賞において、それまでの英国映画作品賞の名称が、彼の功績を讃えて〝アレクサンダー・コルダ賞〟に変更された。尚、同賞は09年より前の名称である英国映画作品賞に戻された。

フィルモグラフィ　＊特筆以外は製作・監督

騙された記者（14年）、3本（15年）、9本（16年）、5本（17年）、黄金の男、他2本（18年）、6本（19年）、AIII-es（＊以上コルダ・サンダー名義）、他1本（20年）、4本（22年）、サムソンとデリラ、他3本（以上23年）、ハプスブルグ家の悲劇、イスラエルの月（以上24年）、1本（25年）、姫百合の花（26年）、荒鷲の歌、The Stolen Pride、トロイ情史（以上27年）、Yellow Lilly、Night Watch（以上28年）、心に秘めて、ゴンドラの歌、スコール（以上29年）、花ひらく、女級時代、The Princess and The Plumber（以上30年）、Rive gauche、マリウス、Die manner um Lucie、Langtan till havet（ジョン・W・ブルニアス共同監督）（以上31年）、婦人に御給仕、Zum goldenen Anker（以上32年）〈以上監督のみ〉、ウェディング・リハーサル、マクシムから来た娘、明日の男たち（レオンティーヌ・ザガン、ゾルタン・コルダ監督）、Strange Evidence（ロバート・ハミルトン監督）、La dame de ches Maxim's、Counsel's Opinion（アラン・ドワン監督）、Cash（ゾルタン・コルダ監督）、ヘンリー八世の私生活、（以上33年）、The Privete Life of the Gannets（ジュリアン・ハックスリー監督＊記録、短篇）、カザリン大帝（パウル・ツインナー共同監督）、ドン・ファン、紅はこべ（ハロルド・M・ヤング監督）（以上34年）、Sanders of the River（ゾルタン・コルダ監督）、幽霊西へ行く（ルネ・クレール監督）（以上35年）、Miss Bracegirdle Does Her Duty（リー・ガームス監督＊短篇）、来るべき世界（ウィリアム・

キャメロン・メンジス監督)、Foget Me Not (ゾルタン・コルダ監督)、奇蹟人間 (ロタール・メンデス共同監督)、描かれた人生、男は神に非ず (ウォルター・ライシュ監督)、The Conquest of the Air (アレクサンダー・エスウェイ、ゾルタン・コルダ、ドナルド・テイラー、ジョン・モンク・サンダース、アレクサンダー・ショウ共同) (以上36年)、無敵艦隊 (ウィリアム・K・ハワード監督*エリック・ポーマー共同製作)、Action for Spander (ティム・フェーラン、ヴィクター・サヴィル監督*製作総指揮)、間諜 (ヴィクター・サヴィル監督)、カラナグ (ロバート・フラハティ、ゾルタン・コルダ監督)、鎧なき騎士 (ジャック・フェディール監督)、紅はこべの逆襲 (ハンス・シュワルツ監督*製作総指揮)、朕、クローディアス (ジョセフ・フォン・スタンバーグ監督*未完) (以上37年)、South Riding (ヴィクター・サヴィル監督)、淑女は離婚がお好き (ティム・フェーラン監督)、ドラム (ゾルタン・コルダ監督)、挑戦者 (ミルトン・ロズマー、ヴィンセント・コルダ監督)、Prison Without Bar (ブライアン・デズモンド・ハースト監督) (以上38年)、月のかなたに (ソーントン・フリーランド、ウィリアム・K・ハワード監督)、Qプラン (ティム・フェーラン、アーサー・B・ウッズ監督*製作総指揮)、間諜 (マイケル・パウェル監督)、四枚の羽根 (ゾルタン・コルダ監督)、ライオンの翼 (マイケル・パウェル、ブライアン・デズモンド・ハースト、エイドリアン・プラネル共同監督) (以上39年)、21日 (ベイジル・ディーン監督)、バグダッドの盗賊 (ルドウィッヒ・ベルガー、マイケル・パウェル、ティム・フェーラン、ゾルタン・コルダ、ウィリアム・キャメロン・メンジス共同監督) (以上40年)、Old Bill and Sun (イアン・ダリンプル監督)、美女ありき、リディアと四人の恋人 (ジュリアン・デュヴィヴィエ監督) (以上41年)、ジャングル・ブック (42年・ゾルタン・コルダ監督)、見知らぬ人たち (45年)、理想の夫、アンナ・カレニナ (ジュリアン・デュヴィヴィエ監督)、落ちた偶像 (キャロル・リード監督*製作総指揮) (以上48年)、第三の男 (キャロル・リード監督*キャロル・リード、デヴィッド・O・セルズニック共同製作)、Bonnie Prince Charlie (アンソニー・キミンス共同監督) (以上49年)、The Wooden Horse (50年・ジャック・リー、イアン・ダリンプル監督)、Animated Genesis (52年・ジョン・フォルダー、ピーター・フォルダー監督/短篇アニメ*製作総指揮)、文なし横丁の人々 (キャロル・リード監督*製作総指揮)、リチャード三世 (ローレンス・オリヴィエ監督*ローレンス・オリヴィエ共同製作)、ナイルを襲う嵐 (ゾルタン・コルダ、テレンス・ヤング監督*遺作) (以上55年)

(だーてぃ・くどう)

シネマニアの桟敷席②

こんな人に逢った（二）

谷川景一郎

ザ・グリソムギャングというシネマバー（ミニミニシアターと隣接するバーの合同店舗）で開かれた幾度かのイベントに参加し、幾人かの映画人とシネマニアを観てきた。前回は初めて参加したイベントで石橋蓮司に逢った話を書いたが、それ以降の想い出を徒然に書き連ねていこう。

『父と暮らせば』（二〇〇四）　原田芳雄　二〇〇六年五月二八日

実は『浪人街』（一九九〇）で石橋蓮司が来館した上映会が最初に申し込んだイベントだったが、黒木和雄追悼を掲げてその一週前にも行われたのがこれ。石橋のイベントに申し込んだ後でこの存在を知り、恐る恐る申し込んだところやはり滑り込みで参加できた。イベント後に近隣のお好み焼き屋で懇親会が開かれ、やはりと言うか松田優作のことをあれこれと聞くファンが多かった。優作とは公私に亘って交流を深めたが、芝居を真似るのみならず代々木上原の隣家に越して来た際に、それはやりすぎだろうとたしなめたところ優作が距離を取るようになったと言っていた。この日は夫人や付き人も同行していたが、散会の際に夫人が「優作はもういいのよ優作は。皆さん芳雄をよろしくお願いします」と明るく語っていた姿と共に印象に残っている。私が聞いたのだったか鈴木清順の話になった。『ツィゴイネルワイゼン』（一九八〇）の撮影中、原田は清順監督に一切の質問や反論を口にせず黙々と演じていたそうだが、雪中のシーンで遂にスタッフがやって来た。彼らが言うには「原田さん、あなたは自分が何をやっているのか分かっているんですか」と。言われた原田は「え、皆さんは分かってるんですか」と問い返し互いに大笑いになったとのこと。また宴席ではお好み焼きを始め飲食が提供されていたが、原田は一切それらに口をつけなかった。役作り中なのでと付き人が語っていた。真贋は不明だしあえて疑う理由もないが、飲み物も一切触れずに二〜三時間、例の諄々とした語り口で先のような話をしてくれた。私が原田と直に接した唯一の体験となった。

『八月の濡れた砂』（一九七一）　村野武範　二〇〇八年八月二四日

路線変更前の日活最後の青春映画。制作の時点でこれを最後にロマンポルノに舵を切ることは一部に知られていたが、映画での初主演に意気込んでいた村野がそれを知ったのは撮影後だそうだ。撮影中もやたら外部のスタッフが見学に来たり試写会にも大勢の関係者が集ったり、終わりゆく日活の青春と劇中の退廃的な空気が不思議とリンクしていた。ラッシュのチェックでは大勢のスタッフが涙に濡れ、試写会での評判もかなり高かった。自身でも会心の仕事と手応えを感じていた村野は、封切り直後に劇場へ足を運んだ。これだけの映画であればさぞ……、だが館内にいた観客は僅か数人だったそうだ。しかも誰も、館内に主役がいることに気付かなかったと。併映の『不良少女魔子』（監督：蔵原惟二）が世間的にはメインの扱いだったが、その後の評価も含めてこちらがメインだろうと胸を張っていた。

『エロチックな関係』（一九七八）　長谷部安春　二〇〇九年三月二九日

実はこの日のイベントは日活が同作を含む多くのロマンポルノ作品のフィルムをジャンクすることが明らかになった為の追悼上映だった。つまり上映のみのイベントだったのだが、何でも事前予約者の中に長谷部監督の名前がありそれなら是非お話を、と急遽トークショー付きとなったとのこと。長谷部監督自身も相当久しぶりの観賞とのことでご家族も同行されていたが、そもそも監督はこの店からかなり近い距離に住んでいたそうだ。まだ肌寒い時期だった為か代名詞でもある『あぶない刑事』映画版のスタッフジャンパーを着ていた。有名な「ロマンポルノは一〇分に一度の裸を出せば何をやっても良い」の鉄則に沿い、好きなハードボイルドの世界を描こうとした。決してポルノ路線が好きだった訳ではなくむしろ恥ずかしかったそうだが、だからこそ抵抗として『暴行切り裂きジャック』（一九七六）でのバイオレンスや『襲う!!』（一九七八）でのベートーヴェンといったポルノらしからぬ演出を生んだそうだ。長谷部安春と言えば日活ニューアクションの鬼才で脚本も書いた。そこで私は長谷部監督に尋ねた。監督デビュー当時には東映任侠映画が世を席巻しており、日活でもヤクザ映画は多作されていたが興行で水をあけられていたことを踏まえどのような印象を抱いていたか、と。会社から東映に学べ倣えと言われ良く観に行っていたとのことで、本物らしい迫力は及ばないが現代性とバイオレンス性に自分の個性が出せる、元々ノワール映画が好きなのでヤクザ映画の流行は好意的に感じていたと。東映に倣うと言うのはニューアクション以前の日活任侠映画を指すのだろうが、ニューアクションはむしろ実録路線の先駆けとなったと言え、長谷部の持ち味である「現代性とバイオレンス性」は正にその特色であった。流石は並みいる助監督連をゴボウ抜きにして監督に抜擢された名匠である。そして長谷部には「藤井鷹史」という筆名があるが、帰り際にその意味を夫人と長谷部が答えてくれた。夫人の旧姓が藤井、お名前が多嘉子さんで結婚当初の住所が三鷹だったので多嘉を転じて鷹と。沢島忠の「鷹沢和善」と同様の美しい由来である。……とすっとぼけて書いたが実は「史」の由来を失念した。何か聞いたハズなのだがどうしても想い出せない。これが、私が長谷部と交わした最後の会話なので無念の限りである。と言うのもイベントの日付で感づいた人もいるかもしれないが、実は長谷部はこの日から三ヶ月も経たない六月一四日に世を去った。当時の我々は知る由もなかったがこの日も既に体調は悪かったそうだ。なお先に触れた通り長谷部は当初観客として来館するつもりだったのだが「最初からゲストとしてお招きするのが当然だろう。近所に住んでたことも知らなかったのは、最初から何もしないつもりだったのか」と支配人を強く批判する向きがあったことを、付言しておく。

『無頼　人斬り五郎』（一九六八）
二〇一一年五月七・八日

この時は二日続けてのイベントとなり、七日のゲストは小澤啓一監督と松原智恵子、八日が小澤と澤田幸弘監督だった。私としてはこれで日活ニューアクション三羽烏の全員に逢うことが出来た。小澤と澤田はやはり同期の桜、深い信頼と友情を感じさせる一幕があった。澤田に対しこの作品で小澤の助監督となったことに質問が及んだ際「嫉妬のようなものはなかった。むしろ仲の良い小澤の役に立てることが嬉しかった」と明言し、また小澤も「自分のことを良く知っているのでやりやすさはあった」と語ってくれた。澤田は当然なかなか監督になれないことに焦りはあったようだが、それと小澤の助監督に就くことは別であったと。なお私が「長谷部監督が言っていたことだが」と東映に倣うよう言われていたことを伝えたところ、両名とも「自分たちはそんなことは言われていないし、東映映画を特に意識して観ることもなかった」と答えた。長谷部は脚本も書くから、そうした指示があったのかもしれないとのことで、やはりニューアクション勢は東映とは異なるところから表出し、それが東映に実録路線として反射したのだろう。小澤の監督デビュー作『大幹部　無頼』（一九六八）ラストシーンのドブ川での死闘に話が及んだ際には「あのドブ川こそ俺の原点」と力強く語った姿が印象的だった。ちなみにこの映画は大部分が横浜ロケだがあのドブ川の一部は都内、しかも渋谷駅近くの宇田川で撮影されたそうだ。ところでこの施設では原則としてフィルムで映画を上映しており支配人が自ら映写技師となっていた。映画を観るかどうかはゲストの都合によりけりで上映は観ず（観られず）トークショーから来館するケースも多々あった。七日のイベントでは小澤監督は上映前から来館され松原は上映途中で到着の予定であった。さて上映中、突然映像がズレて画面が数センチ下がってしまった。実は支配人が到着した松原を迎えに出てしまい、誰も映写機を操作していなかったのである。無論こちらはそんな事情を知らず、すぐに復旧するだろうと思っていたがいつまで経ってもズレたまま。当然ながら観客からブーイングのようなざわめきが生じ、遂には小澤監督も叱声を飛ばした。かれこれ五分は経ったろうか、ようやく映写室から物音が聞こえスクリーンは復旧した。しかしズレた場面の再上映等はなく終映後にお詫びがあったのみであった。支配人は恐らく小澤監督がかなり感情を害したことに気付かなかったのではないだろうか。イベント後、この時まで幾度も来店していた常連から手紙が届いた。そこには映写機がズレたことに

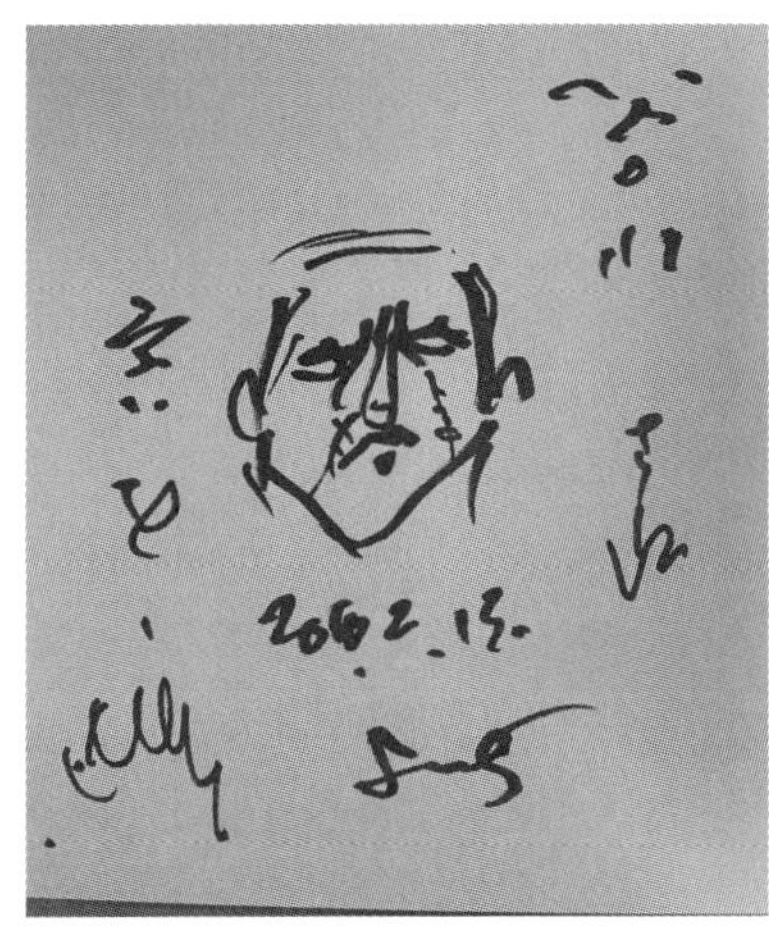

宍戸錠の色紙『拳銃は俺のパスポート』
2010・2・13上映

気付かなかったことへの批判、映写技師が映写室を離れることはあってはならないという叱責、そうしたことは来賓である小澤監督と映画への敬意を著しく欠くものであり断じて許せない、よって自分は二度とこの店には行かないこと、が強い言葉で認められていた。冒頭で触れた通りこの店はバーが隣接しており（シネマバーなのでバーも含めて店舗であるが）、そのマスターは劇場の支配人とは別人である。確かに来賓である松原の出迎えは必要だが、それを映写中の自分がしなければならない訳ではない。手紙にあったのか参会者の誰かが言ったのか、支配人自身がいち早く松原に逢いたいが為に部屋を飛び出たというのは事実だろう。私は近所に住んでおりバーの常連でもあったので「気持ちは分かるがここまで書くとは」と一応は店側をフォローしたが支配人から「谷川さんのようなミーハーな人はそこまで気にしないから」と言われてカチンと来た。ミーハーかどうかはともかくズレた画面を気にしない映画ファンがいるか。敬意を欠くというのは間違いないと強く感じた一件だった。

『拳銃（コルト）は俺のパスポート』（一九六七）
二〇一〇年二月一三日

　この日のゲストは宍戸錠であり、事前に公表されないサプライズゲストとして名和宏も来館した。名和はこれ以前にも以後にも幾度も訪れたが、何の為にこの日がサプライズ扱いだったのかは覚えていない。共に日活で青春を過ごした者同士、懐かしく語り合っていた。名和は熊本の能楽師の家庭に生まれたが日本大学芸術学部を経て日活に第一期ニューフェイスとして入社(宍戸も同期)、能楽師としては破門されたという。そして名和の入社後にニューフェイスを受けた人物が「君は名和に似ているから」という理由で落選したという。その人物とは石原裕次郎だったそうだ。しかし裕次郎もやがて日活に入りたちまちにしてトップスターに上り詰めると、名和の方に仕事がなくなり松竹へ行ったと笑いながら語っていた。宍戸は著書で日活時代を詳述しているが、やはり裕次郎の入社で会社と時代が変わったことを語っていた。どんな話の流れだったか、名和が日活や東映のポルノ映画で活躍（？）していたからか、宍戸が「もう立たないんだよ」とカミングアウトした際には場内大爆笑となった。確かバイアグラを飲もうか考えてるとも言ったか。余談ながら流石は往年の大スター、この日の観客には若い女性もいた。若いながらに相当なシネマニアだったのが気に入ったのか、宍戸はサイン会で戸惑う彼女に電話番号を聞いていた。そして翌日本当に電話が掛かってきた。あくまで挨拶に過ぎない内容だったようだが。芸能人の話でよく聞くナンパ話は本当にあるんだと妙に感心した。

『猫の息子』（一九九七）柏原寛司・藤竜也　二〇一一年一月二二日

柏原寛司はこの店に幾度も来館した常連ゲスト。彼の伝手でゲストの幅が広がったと幾度か聞かされた。他の名画座等のイベントにも積極的に顔を出し何より自身でも人形町に貸映写室付きビルを所有しているくらいだから、こうしたイベントごとが好きなのだろう。私もここ以外も含めて幾度も話を聞いたことがあるが、裏を返せばどこでどの話を聞いたか記憶が定かではない。ここでは藤の話に絞って記す。藤竜也は煌めく日活アクション俳優の中では年少の方で、因って主なスターの後輩となる。当時の日活は石原裕次郎と小林旭が両巨頭、別に派閥があった訳ではないが誰とでも仲良くつるむ裕次郎と人を選ぶ旭、という図があったようだ。藤はどちらにも可愛がられ、酒食を奢られる機会があった。裕次郎は必ずしも高い店ではなく、とにかく大勢で飲んで騒ぐのが好きだったようだ。一方の旭に連れていかれたのは高級ステーキ店。確かにとてつもなく値段の張る店だったそうだが、そういう店では誰も騒ぎながら飲み食いしない。また高級ステーキは質量で勝負するものでもない。「奢ってもらいながら言うのは何ですが、若い時分だったので裕ちゃんの方が気楽に腹一杯飲み食い出来て有難かった」という話に二大スターの性格が出ていると思わされた。また芦川いづみとの結婚を決めた際、どのように会社に報告するか悩んでいた。何せ相手は日活パールライン、此方は未だ主役を張るには至らない。反対されることが目に見えていたという。そんな折、海だかプールで裕次郎と日向ぼっこをしながら話していた。「何か悩みがあるのか」「実は芦川いづみと結婚しようと思っています」途端に裕次郎は「皆に言ってお祝いしよう」と跳ね起きたそうだ。そして言葉通り裕次郎によって社内に結婚の話が広まり、日活首脳陣はああもすうも無かった。そしてこれは反対を封殺する為の、裕次郎の配慮だったのだろうと。また『愛のコリーダ』（一九七六）の話。周知の通り関連書籍が猥褻として起訴されたのだが法廷で藤は「いや猥褻ではないんじゃないですか」等と語っていたところ、大島渚監督が「ああ猥褻だ。猥褻なものを作ったんだ。猥褻の何が悪いんだ」と熱弁を振るい大いに弱ったとのことだ。撮了後に京都の寺院で松田英子と互いの労をねぎらっていた折、大島監督から言付かったプレゼントを松田に渡す。感激し中を開ける松田。中から出てきたのは白無垢の花嫁衣裳。感極まり涙にむせぶ松田、彼女を一人にして藤は部屋を立ち去ったそうだ。

『リボルバー』（一九八八）　荒井晴彦　二〇一二年二月一二日

この時期には「ロッポニカ特集」と題して『行き止まりの挽歌　ブレイクアウト』（ゲスト柏原寛司・いしのようこ）、『徳川の女帝　大奥』（ゲスト関本郁夫・畑中葉子）と上映が続きその掉尾を飾った上映会だった。イベント前に支配人が荒井を応援していたのだが別室に控える荒井を置いて既に集った私ら観客に「今日は厳しい。どうも機嫌が良くないようだ」といった愚痴をこぼしていた。だがそれを聞いた観客の一人が「いつもそうだから」と訳知り顔で語る。荒井の知人かと思っていたが……。いざトークショーが始まると果たして荒井は機嫌が悪い訳でも寡黙な訳でもなかった。映画に関する話で覚えているのは、拳銃を奪われた元刑事の主人公は当初から沢田研二の予定で本人にオファーを出したのだが沢田からは「犯人役ならやりたい」と言われたという。天下の二枚目スターにして汚れ役を辞さない、むしろ望んでいく姿勢を「さすがだ」と唸っていた（この映画の主人公も決してヒーローではないが）。また懇親会では神波史男に関する話が二つ。一つは荒井が主宰する『映画芸術』誌に長らく連載された神波の自叙伝にして「ボツ企画について語る」という前代未聞のコンセプトで綴られた『流れモノ列伝』が完結を祝して同誌増刊としてまとまる予定であること。これは『ぼうふら脚本家　神波史男の光芒　この悔しさに生きてゆくべし』としてこの年の一一月に刊行された。そしてもう一つの話が「神波さんの体調が良くないらしい」という近況。実は私はこの少し前のイベントで神波にも会っていた。しかも私自身の主催で。それからしばらくして入院したという話を聞いていたが、荒井の話は具体的な病名まで出た深刻な状況を伝えていた。そしてこの日から一月も経ない三月四日に神波は世を去った。この話は改めて触れることにするが、こうした荒井との話の中で、先の事情通らしき人が荒井と親し気に言葉を交わしている。どういう関係の人だろう？　と思っていたが、その人が語った正体は『争議あり』の後半で、名指しで荒井から批判を浴びせられ、それに反論を返し更に荒井が……と論争を続けていた人物であった。同書を熟読していた身としては編集者と読者が熱く強く論じ（罵り）合う様に感心しつつ引いていた。同書内での論議は決着という形は付かずに終わっているが、刊行後に両者が和解（？）し旧交を温めていたことを知ったのは意外な後日談だった。

　ところでこの店ではアクション以外の日活映画、教育映画やロマンポルノも上映されていた。特にロマンポルノはファンの多いカテゴリでもあり定期的にラインナップに並んでいた。ゲストとして来場した出演者はやはり女優が多いのだが、映画制作から幾十年を経てもポルノ映画への出演歴は人によって温度感が全く違った。そもそも上映会への来場を断る女優もいたようだが、顔を出したところであまり語りたくなさそうな空気が漂う女優もいた。その中で先に触れた畑中葉子は「当時は色々と言われた」と語りつつも自身の人生において大きな転機となったロマンポルノ出演（映画デビューがロマンポルノである）を肯定的に語っていた。清純派として知られた彼女もロマンポルノデビューの時点で結婚と離婚を経ており、そうしたイメージを払拭したい意欲もあったようだ。ただ『後ろから前から』という曲名には抵抗があったそうだが。ちなみに歌手デビューのデュエット相手で音楽の恩師でもある平尾昌晃とは「周りから当たり前のように見られていたけど」男女の関係ではなかったと強調していた。平尾自身にどんな意志や意欲があったかは知る由もないが、畑中としては、尊敬はしても恋愛感情を抱く相手ではなかったとか。

……是の如く我聞けり。前にも触れたがシネマニアにもカテゴリがあり私は専らヤクザ映画とロマンポルノだったが、上映会の頻度やイベントごとの来客数ではアニメと特撮が最も太い客筋だったようだ。イベントが重なれば各カテゴリごとに常連が集い必然的に幾度も顔を合わせることとなった。中には懇親会でゲストとではなくマニア同士で語り合う者もいた。内々で話し合うことがゲストの話を聞くより優先されるのが不思議ではあったが、まぁ楽しみは人それぞれ。しかしこのマニア同士の話というのが……。さる任侠映画マニアから『昭和残侠伝』は佐伯清とマキノ雅弘の監督作品に分かれているが、見分け方を知っているかと聞かれた。どちらも前時代からの娯楽映画の巨匠、とは言え山下耕作の花や加藤泰のローアングルという明々白々な特徴があるでなし、と考え込んでいたところ「クライマックスで高倉健が唐獅子牡丹を見せる際、マキノ作品は着流しが破れて露出するが佐伯作品は自ら脱ぐ」というのが正解だった。それが事実だとしてだからどうした以外の感慨が無く実際にその通りかは検証していない。ペダンティズムというほどでもなかろうがマニアというかおたくと呼ばれる人種の雑学自慢と知恵比べに違和感と距離感を抱いた出来事ではあった。また先に触れた通りアニメや特撮はマニアの数が多くイベントも多かったのだが、私はそちらは目に一丁字もなくたまにバーに飲みに来た際にイベント後の打ち上げで盛り上がる彼らを見て未知の領域ながら楽しそうには見えていた。彼らが散会した後、支配人がアニメおたくは大人になれない人種だと悪態を吐いていた。アニメおたくが未熟者なら任侠映画おたくもポルノおたくも低俗さは変わらんだろうと思ったがそれはそうではないという。こちらに気を使ったのか内心では諸ジャンルのおたくを蔑んでいたのか、思うのは自由だが口に出すのが先述のミーハー発言と合わせて一言多い奴だと思わされた。同時にアニメも特撮も任侠もポルノもそれら以外も、映画は別にヒエラルキーの為に楽しむもんでもなかろうと、やはり違和感と距離感を抱いたのであった。

（たにがわ・けいいちろう）

楽屋話など　第六回
ポケットの奥のジョン・フォード

猪股徳樹

『荒野の決闘』にまつわる、すべらない話。再び

ジョン・フォードの最高傑作とも賞賛されている「『荒野の決闘』にまつわる、すべらない話」を、本誌61号に書いたが、この題材について、あと少しと思う気持ちで、筆を加えたい。『荒野の決闘』は、表の舞台の裏に楽屋があって、さらにその奥に情報の詰まった書斎がある作品であると、筆者は認識している。

筆者は、フォード作品で、医者が登場した作品を洗い上げてみた。実に多い。そのとき最後まで悩んで、結局は挙げなかったのが本作品『荒野の決闘』で、ドク・ホリディ（ビクター・マチュア）が準主役で登場するが、名前はドク〈ドクター〉だが医者との認識は無かった。本作品では、サルーン「オリエンタル」のオーナー兼ホストで、用心棒もやっている。サルーンの中の絶対権力者だ。賭博の元締めは勿論の事。ときには、金塊輸送の駅馬車の護衛も買って出る。用心棒や護衛は銃にものを言わせる職業なので、つまりはガンマンである。医者がガンマンを兼業とは恐れ入る。ガンマンとしての名が広まれば、挑んでくる若造もいる。そのためドクは転々と所在を変えた経緯をもっている。筆者は迷った挙句に、このドク・ホリディを医者とは認めなかったのだが、それは間違っていた。

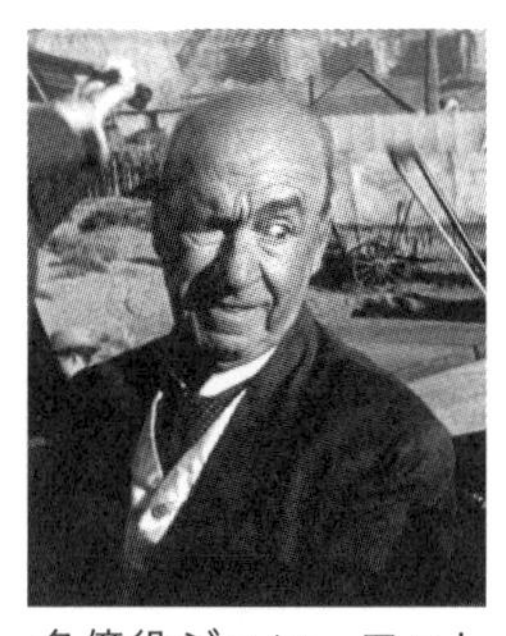

名傍役ジョン・ファレル・マクドナルド

クレメンタイン（キャシー・ダウンズ）がこの町に到着して、ドクの部屋をのぞいたときの描写である。テーブルには医者の処置用具のカバンが、いつでも往診できるように置かれている。医師免状の額や、学生時代の写真や、クレメンタインの写真を大切に飾ってある。ガラス張りの本棚には蔵書がぎっしり。おそらく医学の専門書なのだろう。フォードは一瞬の描写で、ドクが自分のアイデンティティを守っている真の姿を、メッセージとして我々に送っていたのだ。そこにあるものは、東部で教養を積んだ医者としての証しであり、ガンマンの証しなんぞ、どこにも無い。おそらく、この部屋に出入りできるのはチワワ（リンダ・ダーネル）だけだろう。そのチワワにはドクのバックグラウンドなど、どうでも良い事だし、ましてや他の人は誰しもドクの真の内面は知らない。フォードは『捜索者』でも墓石に彫った文字から、イーサンの憎しみの根源を、一瞬で説明している。『リバティ・バランスを射った男』では、ハリー夫人がトムの棺に白いカクタスローズを添えたが、これはハリー夫人の心の一番奥から出た行為で、他の花では意味がないのだ。このフォードの一瞬説明は、至る所にあるので、これを探す楽しみが何とも言えない。ドクよ、貴方はシェークスピアを吟じる、教養ある医者なのだ。

ドク・ホリディが登場する他の作品『フロンティア・マーシャル（シーザー・ロメロ）』『OK牧場の決斗（カーク・ダグラス）』『墓石と決闘（ジェイソン・ロバーズ）』『シャイアン（アーサー・ケネディ）』『ドク・ホリディ（スティシー・キーチ）』『トゥームストーン（ヴァル・キルマー）』『ワイアット・アープ（デニス・クェイド）』の中で、教養ある医師のドクはいない。それよりも、ドク・ホリディ像を強烈に創作した人は『墓石と決闘』のジェイソン・ロバーズぐらいか。この人は『大統領の陰謀』『ジュリア』で2年連続のアカデミー賞受賞者。カーク・ダグラスも強烈だったが、これは、いつものカークのキャラそのもの。

ドクは大学を出てまもなく結核にかかる。この時代、結核は死に至る難病だった。人生を嘆いたドクは、医師の学位も、恋人も、家族も何もかも捨てて西部に流れた。この地でもドクは酒にまみれ、病状は悪化する。咳の発作がひどく、何か張り詰めた状況で必ず発作が起きる。本作品の中でも何度か発作に見舞われ、決闘の最中にもそれが始まってしまった。

本作品でドク・ホリディの人物像を映画史に残したヴィクター・マチュアは、巷では、演技力溢れる名優ではないと言われているが、彼はフォックス所属で、ザナックはお気に入りだったようだ。マチュアはその後、史劇やアクション系で多くの大役を果たしたが、いつも付きまとう言葉は「大根」である。

　フォードは、ときには「毒を薬に変える」と言われる。人の置かれた状況を、まじないの言葉で別人に変えてしまう。この奥の深い巧妙な手口は、多くの著書に著述されているので、ここでは触れないでおこう。

　ドクが結核を嘆いて、ヤケのヤンパチでウィスキーを何杯も何杯もあおるシーンがある。心を許したバーテンのマック（J・ファレル・マクドナルド）とワイアット（ヘンリー・フォンダ）を両側に置いて、止められるものなら止めてみろと、反抗児的な酒の飲み方。なかなかの演技である。他の西部劇でも一般的に男はストレートをグイグイと飲む。おそらく昔の開拓期の男性は、皆こんな飲み方をしたのだろう。今の時代は、飲み方が多様化して、様々なものを加えて、自分のこだわりを大切に飲んでいるようだが、ヴィクター・マクラグレンとか、バリー・フィッツジェラルドは、ストレートをごく自然にあおる。何杯も何杯も。そして言う「ウィスキーはウィスキーで飲む。水は水で飲む。（混ぜたらもったいない）」

ドクの部屋。医師免許証

　ワイアットとドクがお互いを理解し合って和解したら、大勢のバーフライたちはどっとカウンターに群がった。これが何とも可笑しい。フォードはこれと同じ事を『三人の名付親』『月の出の脱走』『リバティ・バランスを射った男』そして『栄光何するものぞ』で再使用している。群がるハエの一人一人の支払いはどうなんの？　お釣りは？　先月のつけは？　こうやって飲酒行為を擁護しては普段の自分の罪を軽くしようとする。

　凄まじくも、撃たれたチワワを手術して、夜明けには、結局死んでしまったチワワの仇を討つために、ショットガンを持って敵陣に乗り込む医者がここにいる。この2つの世界を、般若（はんにゃ）の形相で行ったり来たりしたマチュアは、もっと賞賛されても良いと思う。
冒頭、ワイアットたちが床屋にいるとき、酔っ払いが銃を乱射して、町が騒然となる。保安官（ハリー・ウッズ）はバッジを外して責任放棄。結局ワイアットが手際よく酔っ払いを取り押さえる。そして言う。「こんな奴に酒を飲ますとはな」「でかいコブを作ってやった。もう町へ来るな」と尻を思いっ切り蹴とばして追いやる。「こんな奴」と言ったのは、この男は先住民のようだが、腰には2丁拳銃のガンマンスタイル。しかも白人の夜の社交場で泥酔している。これは許されざる存在なので、「こんな奴」と、言わせたのだろう。今の時代ならパワハラ用語で、一発アウトなのだが。この意味不明のキャラクターは、本作品の7年前のオリジナル作品『フロンティア・マーシャル』で、監督のアラン・ドワンが創作した人物像。フォードは同じ俳優（チャールズ・スティーブンス）で再登場させたもの。フォードの知る人ぞ知る楽屋遊び、ここに極まる。

ワイアット・アープは、ここトゥームストーンに来る前はダッジシティで保安官をやっていた。この地も法の順守には興味のない、荒れたカウボーイが多く、アープは法の番人として取り締まり、そのための銃の扱いには、充分な経験を積んだようだ。そんな輩たちの間に、アープの名は知れ渡っていた。トゥームストーンに来てＯＫ牧場の決闘に至るまで、アープは何度もその経験にものを言わせている。

○娼館で悪酔いしたインディアンの身柄を確保するときは、正面から突進する愚策は取らず、非常階段で2階の窓から屋内に侵入し、インディアンの背後から拾った石で脳天をヒットさせ、気絶させた。巧者は何でも武器にできる。

○そしてドクとの出会い。ワイアットは銃を携帯しておらずピンチに陥ったが、ドクの背後には弟のモーガン（ワード・ボンド）とヴァージル（ティム・ホルト）が陣を敷いて、抑止力でドクを抑え込んだ。

○クラントンたちに拉致された役者を奪還するときは、全く容赦なくアイクの脳天に銃把でヒットを与え、フィンの右腕を撃った。

○町から去ったドクを連れ戻すため決闘になったが、ワイアットの銃が早く火を吹き、ドクの銃を撃ち飛ばした。この撃ち合いは、ワイアットが相手の銃を撃ち飛ばして、無傷で勝つという絶対条件が、前提としてある。

○悪酔いしたドクを寝かせるため、ドクの顎にパンチを食らわせて気絶させた。

○チワワを撃って逃げ去るビリー・クラントンを、2階から撃って致命傷を与えた。

但し、ドクへのファーストコンタクトに、銃器不携帯はまずかった。弟たち2人に助けられたが、もしかしたらこれは戦術で、ダッジ時代からの常套手段だったのかもしれない。そのあとドクとは和解し、一緒に観劇に出かけるが、拉致された役者ソーンダイク（アラン・モゥブレイ）奪還のため、クラントン親子がたむろするキャンティーナ〈メキシコ系の居酒屋〉に乗り込む。このときは当然、銃を携帯し、その銃にものを言わせた。どうやら一度オフィスに戻って武装したようだ。

未開拓地も人口が増え、酒を飲ますバーが建ち、次に木賃宿が建つ。『シェーン』の町は、まさにこれだ。一杯飲み屋はサルーンになり、次には雑貨屋が出来、歯科医や風呂屋を兼ねた床屋が出来る。娼館も出来る。本作品のトゥームストーンはこんな町である。ただし雑貨屋は無い。『ウィル・ペニー』の町もこんなだった。この町にも幌馬車隊が到着する。町の通りのこっち側は使わなくなった幌馬車のプールになっている。おそらく馬車の持ち主は、この町に根を下ろしたのだろう。フォードの状況説明は細かい。

ワイアットがクレメンタインをエスコートしてダンス会場に向かうとき、ホテルの裏側が描写されるが、BOARDING HOUSE（長期滞在の貸し部屋）と、書かれている。チワワを始め、この町のエッセンシャル・ワーカーたちはここに寝泊りしているのだろうか。チワワが撃たれたとき、部屋の様子が描写されるが、ホテルの客室よりは質素になっている。町長（ロイ・ロバーツ）はホテル暮らしのようだ。アープ3兄弟は、特に説明がないが、おそらく保安官事務所に寝泊りしているのだろう。鉄格子の中のベッドを使って。普通、多くの西部劇の登場人物について、物語から離れた日々の実生活なんぞ誰も考えないし、心配もしない。フォード西部劇の場合は彼らの実生活にとても興味が湧いて来る。何故だろう。このアープ兄弟の長男、次男、三男、末弟の序列は明確に存在している。冒頭、トゥームストーンという町にヒゲでも剃りにと出かける。当然、末弟のジェームス（ドン・ガーナー）は留守番だ。床屋では、長男が順番の最初を取る。保安官職を受けたとき、長男が保安官で、次男モーガンと三男ヴァージルは副保安官である。いざ決闘に赴くときは、まず長男に武器を選ばせる。日本の時代劇を見ているようだ。

「クラントン一家」はワイアット・アープに最後まで敵対した悪人家族として有名だ。本作品では父クラントン（ウォルター・ブレナン）はオールド・マン・クラントンと呼ばれ、本名は出てこない。4人の息子、アイク（グラント・ウィザーズ）、フィン（フレッド・リビー）、サム（ミッキー・シンプスン）、ビリー（ジョン・アイアランド）がいつも一緒で、父を怒らすと鞭で打たれる。父はいつも鞭を持っていて、4人は子供の頃も、青春時代も鞭で打たれて育ったのだろう。そして、大人になっても打たれる。そのためなのか、家族全員とても暗い。近寄りがたい暗さだ。この悪行兄弟には原形がある。『駅馬車』のプラマー3兄弟である。そして、本作品のクラントン一家は、『幌馬車』のクレッグ一家に引き継がれる。こちらは叔父のシャイロー・クレッグ（チャールズ・ケンパー）、以下、甥のリーズ（フレッド・リビー）、ジェシー（ミッキー・シンプスン）、ルーク（ハンク・ワーデン）、フロイド（ジェームズ・アーネス）の5人家族で、何と、両家で次男フィン／リーズ を演じたフレッド・リビーと、両家で三男 サム／ジェシー を演じたミッキー・シンプスンは、悪役冥利に尽きたはずだ。さらにミッキーは『OK牧場の決闘』でも、クラントン側の助っ人役で、アープたちと戦っている。

このフォードのお楽しみは、まだ続く。『馬上の二人』の拉致家族団の中にクレッグ親子が再び登場する。父クレッグと、2人の超が付く馬鹿息子の家族。母親（メエ・マーシュ）はコマンチに拉致されたが、夫や息子に愛想をつかし、白人社会に戻ろうともしない。

オールド・マン・クラントンは、ニューマンヘイズ・クラントンという本名がちゃんとあって、妻と7人の子供がいた。家族を養うため、各地を転々とし、ここトゥームストーンで牧場を始めるが、種牛を買う金もなく、牛泥棒からスタートしたと、トゥームストーン史には記述されているようだ。フォードは巧みに、この実話を本作品の冒頭にあてはめた。

ドクの情婦チワワは、その名の通りメキシコ人であるが、いかさまポーカーがワイアットにバレたとき、ワイアットは「居留地に返すぞ」と言っている。おそらくチワワはメキシカンとインディアンとの混血で、居留地で生まれ育ったのではないだろうか。やがてこを出て、流れ流れてトゥームストーンでドクの専属女の座に収まったようだ。サルーンの歌い手も任されて、厚遇を得ているが、チワワの大事な仕事はドクに献身的な情を注ぎ続ける事である。ドクの気持ちが変われば、いつでも捨てられる。チワワはその事を良く解っている女だ。そこへクラントンの末弟ビリーが町に来ては、チワワにチョッカイを出すようになって、事の始まりとなり、ＯＫ牧場の決闘へとなだれ込む。

原題の『My Darling Clementine』を『荒野の決闘』という邦題にした事に、以前は、Ｂ級、Ｃ級の西部劇の匂いがして、とても抵抗があった。「愛しのクレメンタイン」で良かったのにと思った。後日、リバイバル公開されたときには、さすがに『愛しのクレメンタィン』がサブタイトル扱いで付いていた。

近年になって、この地を車で移動したとき、これが「荒野」なのかと思うに至った。日本にはあり得ない荒涼とした景色が展開する。どこまでも続く乾燥地帯、ここを馬で移動するには決死の覚悟がいる。大勢の人が命を落とした事だろう。そんな荒野にトゥームストーンという町が生まれた。アメリカ史に従えば、トゥームストーンは銀山の町で人が集まった。草が少なく牧畜業にはあまり適してはいないようだ。冒頭ワイアットも、そう言っていた。だから、日が暮れてサルーン「オリエンタル」に集まる大勢のバーフライ達も、銀山関係者なのだろう。オールド・マン・クラントンはヴァ―ジルを殺害するや、遺体をサルーンの前に投げ捨て、「O.K. corral で待っている」とアープに伝えた。「O.K.」は所有者のイニシャルだが、コラールとは、駅馬車中継所の「馬囲い」の事で、この時代の開拓地特有の言葉。邦訳に困った輸入会社は「コラール」を「牧場」にした。ここまではセリフの中の言葉で、それほど問題はなかったが、それから10年後に公開された『Gunfight at the O.K .corral〈ＯＫ牧場の決斗〉』は、タイトルに「牧場」を使った。映画史に残る名作なのに、この珍和訳はこの作品の題名なので、どこまでも付きまとう。

ロケ地はモニュメントヴァレーなので、我々としては心休まる部分があるが、実際のトゥームストーンは荒野の「ポツンと小さな町」なのである。当然、集まる人も、この町で働く人も、流れ着いた人や、家族と覚悟を決めて移動した人々である。ドクにはドクの理由があって、ここに根を下した。筆者の勝手想像だが、サルーン「オリエンタル」のバーテンダー、マックとの出会い、お互いの過去を理解し合い、親子のような心の交流が生まれたのではないだろうか。サルーンも2人の共同経営なのかも知れない。

マックを演じるJ・ファレル・マクドナルドは、フォードが監督になった2年後のシャイアン・ハリーシリーズの『恋の投げ縄』から23作でフォードを支えた。本来のキャラは、片方の眼玉をギョロリとさせるコメディアンで、本作品でも教会設立ダンスパーティでピアノを担当し、ギョロ眼を披露してくれた。

サルーンのカウンターの中にもう一人のバーテンがいる。副バーテンダーだろう。この人は『駅馬車』で、ルーク・プラマーからショットガンを取り上げた医師ブーンを、ウィスキーでねぎらったバーテンダーがこの人。そして『三人の名付親』では、やっとこさ着いたニューエルサレムのサルーンのバーテンダーだった。ジャック・カーティスという渋い脇役だ。「バーテンならジャックにお任せ」。フォードはバーテンダーの役に手抜きはしない。まるで、神父、医者、と同列の聖職者のようだ。ジャック・ペニックは『駅馬車』のトントのバーテンダーの後、多くの軍人や体制側の人間を演じ、最後に『リバティ・バランスを射った男』のシンボーンのバーテンダー役で終らせた。バーテンダー役は、酸いも辛いも知り尽くした人生経験がにじみ出る、いぶし銀のオヤジがフォードのイメージにあるようだ。

これは筆者の勝手命名だが、西部劇には「タウン西部劇」というスタイルがある。文字通りカメラはタウンからほとんど出ない街中西部劇、『真昼の決闘』『リオ・ブラボー』などなど。本作品も基本的にはトゥームストーンの街の中で話を進めている。これも勝手想像だが、フォードは我々にサービスの精神で、ドクが護衛する金塊輸送の駅馬車が、猛烈なスピードで町から出て砂漠地帯を激走するシークエンスを挿入した。ワイアットがその駅馬車を追う。ドクはクレメンタインの純愛と未練を振り切りたくて、鞭の代わりに、馬の尻に小石を投げてスピードの限界で走らせる。『駅馬車』でも尻に小石を投げた。途中の中継所で馬を替え、また走る。ワイアットも、その中継所で馬を替え、追い続ける。遂にワイアットは峠で先回りして駅馬車を止め、銃の力でドクを町に連れ戻す。本作品の骨格から離れた、ワイアットとドクの決闘はあるやの大サービス。フォードは本作品でも、動と静のバランスを巧みに取っている。上手なものだ。

おや？　っと、気づかれた方に一言。ドクが護衛する

金塊輸送の駅馬車の御者が別の人に代わっている。何とジャック・ペニック御大ではないか。この件について、やれ「2つ目の中継所があって、御者が交代したが、ザナックにカットされた」とか、やれフォード得意のスクリプトミスだとか、やれ「リザーブの御者が客室にいた」とかの諸説が入り混じったもんだ。もう一つあげるならば、冒頭、キャトルドライブでの食事のシーン。チャックワゴンがしっかりとあるではないか。夕食を作ったのはジミーだが、昼間ワゴンをドライブしたのは誰か。イントロでは兄弟4人とも「ハイヤー。ハイヤー」と牛を追っていた。等々。まぁ、そんな事いいではないか。フォードが我々に議題を提供したと思えば、心豊かになろうというもの。

モーガン（ワード・ボンド）のファンニング

本作品は、インディアンと敵対するジャンルではないので、ナバホ民の出番は無い。と、思いきや、これがあるのだ。トゥームストーンの町のオープンセットの構築、裏の雑務で、相当数のナバホ民が動員されたと言われている。この地が輩出させた、とても腕のいい大工が大勢いて、美術担当のジェームズ・パセヴィ（『果てなき航路』〜『幌馬車』）を、大いに助けたそうだ。会社からせしめた製作費を、少しでも多くナバホ民に流せるように企む事がフォードのコンセプトである。更には、撮影が終わると、町のオープンセットをそっくり彼らにプレゼントした。彼らは、売れるパーツは売り払い、残りは冬季の薪にしてしまった。

シンプスン（ラッセル・シンプスン）にとって、この町に教会設立は悲願だった。いよいよ床が張られ、柱が立ち、来週には棟を上げると言っていた。出来上がった床でダンスパーティがつつがなく行われ、チャリティの募金も沢山集まった事だろう。助祭が教会の建立まで事を運ぶとは、いかにもこの時代の様子が伺える。

決闘の朝、事務所でワイアットとモーガンは戦いの準備に追われていた。そこへ町長とシンプスンが加勢に駆けつける。しかしワイアットは「これは、私的なもめごとだから」と断るが、町長が発行した逮捕状は受け取る。ワイアットは2人に弾を抜いたショットガンをそれぞれに持たせる。クラントン一家とて、この町の町民だし、町長が町民に銃を向けるわけにはいかない。シンプスンは神に仕える助祭の立場なので、実弾装着の銃はまずい。2人はコラールで待ち構えているクラントンたちからよく見えるサルーンの角に陣を張った。

決闘は2分15秒で決着がついている。以下、詳細を記す。

両陣は対峙して、アイクが前に進み出る。その間を朝着の駅馬車が通過して砂塵を巻き上げる。アイクがワイアットを撃つが、ワイアットは砂塵の中で立ち位置を変えている。そして反撃の一発でアイクを仕留める。

柵をまたぐドクが発作を起してしまい、フィンに撃たれて柵から転落する。フィンとサムがそれぞれライフルを連射。モーガンが2丁の拳銃で応戦する。ワイアットが走って移動しながらサムを仕留める。ドクをとどめようと攻め出るフィンを、瀕死のドクが逆に仕留め、自分も息絶える。真っ白いハンカチが風ではためく。

追い詰められたオールド・マン・クラントンは敗北を認め、ホールドアップして、4人の息子の名前を呼ぶが、返事は返ってこない。そして、全員死んでしまった事実を認める。アープは言う、「お前は殺さん。さまよって歩け」。「100年でも生きろ。俺の親父の悲しみを味わえ。」もう生き続ける意味はない事を悟ったクラントンは、ワイアットたちの方へ銃を向けて反撃を誘い、モーガンの清々しくも、目を見張るファンニングに撃ち落とされ、息子たちの後を追った。

本作品のクランクアップをもって、フォードと20世紀フォックス社との契約は満了した。そして、社長ザナックの現場介入も、これでお仕舞いとなった。そのときのフォードは、これから立ち上げる自分のプロダクション「アーゴシィ・ピクチャーズ」の夢と希望で一杯だったのだろうか、編集の作業を編集者のドロシィ・スペンサーに任せて、自分はヘンリー・フォンダを伴ってアーゴシィ第1作目の『逃亡者』のロケ地に行ってしまった。監督のいない現場で、ザナックはハサミを入れたり、カットを付け足したりした事実は、先述の通りである。我々は、そのような裏話を知らなかったのならハッピーだったのだが、知ってしまった。削除や付け足しで、おそらく映画としては良くなったであろう。しかし、それとこれは別の話なのだ。

因みに付け足しは、まず墓石の文字をザナックは勝手に変えた。ジミーの生涯を20年から18年に変えたのだ。そのため墓石の文字面の描写は撮り直しで30秒。ワイアットが墓前で語るアップのシーン50秒が付け足された。あとはおなじみラストの、ほっぺにキスのシーンが30秒である。合わせて約2分はどこかの誰かが監督したもの。さらにはジミーの恋人の名前をナンシーからコリー・スーに変えたと言われている。冒頭キャンプで夕食を食べているとき、セリフの中に2度、スーの名前が出たが、変更が撮影の前だったのか、撮った後で変更され、撮り直したのかは確認できない。

フォードにも分の悪さはある。フォードは撮り終わったフィルムは「昨日のスープ」と称して、あまり愛情は注がなかったのは事実である。アラナー号を購入してから、船に乗って姿をくらますという悪い習慣が常習となった。

フォードは、本作品を思いっきり史実から切り離し、フォードランドでしか有り得ない、詩情溢れる「決闘物語」を試みて成功させた。史実から離されたファクターを、史実と違う、あすこが違う、ここが違うなどと並べ立てるべきではないだろう。作品と呼ばれる物は、創造物なのだから。

フォードはリンゼイ・アンダーソンの「何故、映画監督をやっているのか？」の質問に「家族を養うため」と答えているが、これが大ウソなのは言うまでもない。真の理由の一つに、自分が映画製作を楽しむため監督をやっている。同じ人物キャラクターが10年後にまた出てくるし、演じる俳優も何度も何度も出てくる。もう、覚えきれなくなる。そんな我々をオヤジはどこかで見ていて、笑っているのだ。

（いのまた・とくじゅ）

水島爾保布が語る

早川雪洲作品の意義

広瀬信夫

水島爾保布『愚談』（大正12年刊）を廉く拾ったのでパラパラ。サンガー夫人だ軍縮だ普選だ原敬暗殺だ、のトピック多数の社会時評を集めたもの。

本業のほうではロダンを否定しマイヨールを評価するくだりがキツくて痛快だ。

映画の話題が豊富なんで、取上げたいのです。グリフィス、デブ君、プリシラ・ディーン（二度言及してるところを見るとタイプか）、ハウス・ピータース、メーベル・ノーマンド、ヴェルナー・クラウス…時代ですな。「高橋是清はブルーバード映画の弱々しい父親役そのもの」「吾国成金の自家用車なんて、ユニヴァーサル活劇のカーアクションでのオシャカ用自動車なみの安っぽさ」「（鬼火）ロードンのエス・ハートみたいな帽子」（いずれも大意）といった喩えも、当時のファンの感覚が窺える。

絵描きと云うもの、感性一本鎗で知見は（世間が？）狭いヒトが大半。政治や歴史についての意見を求められれば、ヌルいリベラル姿勢でお茶を濁すのが決まり。

そこいくと水島は違う。野暮ったい国粋派も、気障な拝外派も大嫌い（アンナ・パブロワの高額料金に、外国人による三浦環へのお追従に、彼は怒る）。全盛の無政府主義はもっと嫌い（印半纏の職人や郵便脚夫までが革命家を気取る風潮に、彼は怒る）。つまり流行りに乗って雷同する輩がイヤなのだ。正しい保守の姿勢。含羞を知る東京っ子の典型だ。

そんな彼のセンスが横溢してるのがセッシュー・ハヤカワ帰朝（大正12年）にあたっての感想だ。

> 諸君はあの男の「怒髪天を衝いて」を見たかね、「阿修羅の如く」を何う思う。「蛟龍を描く人」、それから彼自作の「沼」（「スワンプ」）、甚だ失礼な申し條だが、日本現在の芝居や小説にあれだけの内容をもった、そしてあれ丈独特のカラーをもった、そしてあれ丈変化のあるものがあるだろうか。彼の男が常に高唱してゐるところの「男性」とその「真の怒り」というものの価値は（…）尊い。（…）アメリカのガラクタ排日連がいふやうに、日本人は凡て（『チート』の）トリヰのやうな執拗性と残忍性を持ち（…）本当に怒ることを知り、怒ったら何をするか判らない（…）男性的テロリズムに徹底している種族ならば、決して今日のやうなぐうたらな社会組織や制度の下に屈服してなんか居やしないはずだ。

早川雪洲自身のプロダクション作品、何処を愉しめば良いのか判らなかった者にとり、これほどヒントとなる批評は初めてだ。あのクサイ演技も、この視点からだと納得だ。国粋も拝外も否定する水島にして初めて獲得し得た視点だろう。

（ひろせ・のぶお）

《映画の見かた》の見かた㊻

映画の末期が近い？

重政隆文

先日、『インディ・ジョーンズと運命のダイヤル』（２０２３年、ジェームズ・マンゴールド監督）と『ミッション：インポッシブル／デッドレコニングPART ONE』（２０２３年、クリストファー・マッカリー監督）を見た。サービス満点なのだが、どこかで見たようなシーンが連続する。近年、シネコンでかかるハリウッドのアクション映画全般に私は同じような印象をもつ。若い観客の喜びそうなシーンをどんどん重ねていくだけでヒットするとハリウッドは考えているのではないか。私にはアメリカ映画のヒット作が質的に劣化しているように見える。

大高宏雄『アメリカ映画に明日はあるか』（２０２３年2月、ハモニカブックス）と宇野維正『ハリウッド映画の終焉』（２０２３年6月、集英社、集英社新書）が、同じくアメリカ映画、ハリウッド映画の危機を真正面から指摘していて示唆的である。

製作本数もメガヒットの本数も十年前と比べると半減しているというから、確かにアメリカ映画、ハリウッド映画は末期に近づいているのかもしれない。大高宏雄が述べる。

……洋画のわかりやすさは、それ以降顕著になるジャンルの平板化を予兆していたと思う。ジャンルの平板化とは、米映画が得意とするSFXもの、パニック、アクションなどのジャンルで、意外性のないドラマ展開、CG映像に依存した描写などに表れていた。そのなかで、もっとも指摘すべきは、CGという一見、新しさを持っていた革新的な技術だろう。（『アメリカ映画に明日はあるか』22頁）

実写映画の弱点やミスを補う形で出てきたCG技術が、いつのまにか、それ自体を見世物にするようになってきた。似たり寄ったりの映像が退屈さにつながる。「CG映像は、米映画から、心を揺り動かしていくようなドラマ、ハラハラドキドキの描写力を奪っていった」（23頁）と大高は指摘する。もちろんインディーズ系のアメリカ映画には時々優れた作品も見つかる。見つかるのだが、アメリカ映画全体から見ると微々たるものだ。シネコンにはその種のインディーズ系作品がかかることは少ない。

映画を観る醍醐味の一つに、意外な作品との出会いというものがある。有名監督、人気スターの作品ではない、大作ではない、話題性がない、宣伝されない、どこで上映されているかわからない。ないないづくしの映画なのだが、これがどうして、びっくりするほど面白く、かつ興味深い内容だったりする。（54頁）

大高は自分の批評方針を「私は映画を語るとき、作品そのものの骨格を中心点にしつつも、社会性と大衆性も視野に入れることを心がける」（49頁）と書いている。そのため、公開前に試写室で新作を見るばかりではなく、街の映画館にもしばしば足を運ぶ。客席の雰囲気や反応なども記している。作る側に対してと同様に見る側に対しても視線を送る。

映画館に通っていると、観客席から伝わる傾向がくっきり見えてくるのだ。作る側だけでなく、見る側の性格も変わってきたように私も感じる。若い人と話をしていると「伏線回収」ができているとかいないとか、よく耳にするのである。大高は『幸せの教室』（２０１１年、トム・ハンクス監督）を論じる中で、ストーリーにあまりに重きを置く傾向に疑問を呈する。

映画を、あまりにまっとうに観る傾向が、最近強い気がしてならない。まっとうとは、辻褄、物語の進行ばかりに目が行き、映画にちりばめられた破片のような魅力が、なおざりにされていることを表す。遊び、脱線の破片のような魅力は、映画にとって、とても大切な要素である。そのかけらを面白いと感じる感覚が、摩滅しつつあると、私は思っている。これには、プロの評者も一般観客の別もない。（１４３頁）

現代の若い観客はどうもストーリーにしか興味がないように見える。だから曖昧さを拒否する。白黒のはっきりしたハリウッド映画を見ている内にそのようなストーリーへのこだわり方を醸成していったのだろう。ヨーロッパやアジアの映画にはくっきりとした結末のない場合がしばしばある。ストーリーには関係ないがクスッと笑うようなシーンに時々出くわす。しかし、若い人はそもそもそのような映画をあまり見ない。アートシネマ系のミニシアターには行かないし、その存在すら知らない場合もある。

さらなる問題として、コロナ以後、世の趨勢が動画配信に傾いている。資金が潤沢な動画配信会社自身が映画を制作することも増えてきた。といってもその映画も劇場公開は形だけですぐ打ち切る。見たい人は配信でどうぞというわけだ。そのせいで『シカゴ７裁判』（２０２０年、アーロン・ソーキン監督）はすぐ劇場公開が終了してしまい、うかうかしていた私は見逃した。

派手なシーンなど、どこにもない。大作の「アイリッシュマン」とは違う。だが、私は映画館で観て良かったと思う。暗闇における観る側の集中度が、本作には求められるからだ。画面からは、一寸たりとも見過ごせない緊張感が漂う。それが、配信では得られないと言うつもりはないが、体感度からすると、映画館がふさわしい。（２１３頁）

映画を一次的に映画館で見るという時代は去りつつあり、ＤＶＤや動画配信は二次的、三次的媒体ではなく、動画配信こそ一次媒体として扱われるようになりつつある。私は『シカゴ７裁判』に限らず、あらゆる映画を見るには「映画館がふさわしい」と考えている。時代錯誤であることを自覚しつつ、それでも映画館に通う。大高のように、作品によってＤＶＤや動画配信でもＯＫとは思わない。

同じ制作興行体制の『パワー・オブ・ザ・ドッグ』（２０２１年、ジェーン・カンピオン監督）は何とか時間のやりくりをして見ることができた。これをもし配信のモニター画面で見るとどう感じるのか。

本作はネットフリックス提供である。下高井戸シネマには、映画プロデューサーはじめ、何人もの映画人が観に行ったとあとから聞いた。あるプロデューサーは配信で見たが、改めてスクリーンで観ることにしたという。その人曰く、「配信で見るのと全然違う」。この点が重要だ。配信と映画館では、作品の評価というのか、印象が大きく変わってしまうことがある。まさに、本作がそうであろう。（２２９頁）

長年、映画を愛好してきた人たちは、モニター画面で見るより映画館のスクリーンで見る方が圧倒的にいいと、ごく普通に考えているはずだ。しかし、便利な動画配信に慣れてしまうと不便な映画館での鑑賞を億劫がるだろう。映画館と配信では見え方が違う、見る側の姿勢が変わってくるというのであれば、当然、批評の意味も方法も違ってくる。このまま動画配信の天下となり、批評になど誰も見向きもしない時代に入っていくのだろうか。

もう一人の著者・宇野維正は、現地資料にも目を通し、具体的な数字を挙げながら現状の問題点を明らかにする。危惧するのは、『天と地と』（１９９０年、角川春樹監督）や『敦煌』（１９８８年、佐藤純彌監督）の時のように、数字ではヒットしているが劇場はガラガラという事態が、数字を基にしていては見えてこないことだ。

宇野の映画批評の方針も挙げておく。

作品に込められた作者の真意と、作品が持つ社会的意義を、監督のそれまでのキャリアの縦軸と、同時代の作品の横軸の中から浮き上がらせることなのではないだろうか。（『ハリウッド映画の終焉』46〜47頁）

これはこれで正しいのだろう。しかし、観客論的には疑問がある。観客は「作品に込められた作者の真意と、作品が持つ社会的意義」を必ず受け止めないといけないのか。監督側の意図を誤解してはいけないのか。「正しい見方」が「楽しい見方」と相反する場合もあるのではないかと私は個人的に考えている。

現地資料にも広く目を通す宇野維正が配信に関する次のような指摘をしている。

『ワンダーウーマン　１９８４』（この作品は35㎜、65㎜のＩＭＡＸ

フォーマットで全編フィルム撮影されていた）にしても、『ブラック・ウィドウ』にしても、そもそも監督をはじめとするスタッフたちは、少なくとも初見のファンには劇場で観られることを前提に、何年にも及ぶ作品の制作に従事してきた。それが突然、製作元から公開日からＰＣやスマホでも視聴できるようになったと告げられたら「話が違うだろう」となるのは当然だ。（174頁）

私はこの二作とも見逃しているが、フィルム撮影されていたと知った今、見てみたい気がする。ただ、配信が始まれば映画館でかかる機会はほぼない。見るのは困難だろう。コロナ禍のせいで、映画会社は少しでも赤字を減らすため、配信会社に作品を投げ売りしてしまったのである。この種の映画のファンたちは同日公開の場合、わざわざ高い料金を払って映画館に行くだろうか。動画配信は映画館文化の死期を早めている。

配信と映画館で何が違うのか。

……配信プラットフォームのオリジナル作品、あるいは配信プラットフォームが映画会社から独占配信権を買い取った作品は、再生回数が興行成績やソフトのセールス数のように開示されることがなく、配信後はどんなに作品がヒットしてもクリエイターや役者に利益が分配されることはない。そもそも、その利益を作品ごとに数値化すること自体が不可能なのだ。（9頁）

このような状況に対し、映画を作る側はどう対処すればいいのだろう。観客の反応がまるで分らない状況でも映画を黙々と作り続けられるのだろうか。動画配信は作る側をも見る側をも育てる気がなさそうに見える。

20世紀に栄華を謳歌してきた映画というアートフォームもまた一つの権威であり、安くないチケットを購入して座席に数時間座ってスクリーンで映画を観ることに特権性を見出すような態度も、ストリーミングサービスとかショート映画の時代においてはこれからもさらに増えていくだろう。（223頁）

映画館でしか映画を見ない私は、長年、自分が絶滅危惧種や滅びゆく少数民族のつもりでいた。しかし、この文章からすると私はまるで特権階級に浮き上がってしまっている。映画は映画館で見られることを前提に作られているから私は映画館で見ることにしているだけだ。それがいつのまにか映画館主義は置いてけぼりにあい、意に反して私は特権階級に押し上げられてしまった。笑い事ではない状況になってしまっている。

このような映画界の動きはもう止められないのだろう。私は今後も「特権階級」の一人として映画館文化を守る側についていたい。

（しげまさ・たかふみ）

千野皓司ひとりがたり

『血の絆』までの人生航路

俳優としてバレエダンサーとして

ぼくの実家は半襟の店をやってたんです。おやじは有名な織物工場の次男坊で職人になった。高等小学校にもいかない。絹織物で有名な飯能で修行した人です。そんなに教養はないけど粋な人で、着物しかきたことない。結婚して横浜に店を持って、新橋烏森へ移り、そこで僕が生れたんです。映画館にはおやじが連れてってくれた。日活時代劇では鞍馬天狗や『まぼろし城』。蒲田の母ものや新興キネマの化け猫ものなんかも。

昭和初期の不況で旦那が倒産して、芸者に半襟が売れなくなった。ツケもとれなかったんで店もつぶれる。そのころ、おふくろも死にました。ぼくが四歳のとき。おやじは四谷の花柳界に移ったけど、ここもだめになって大森の三業地の事務局長に。大森は蒲田撮影所のちかくだったんで、監督たちが大森の料亭にきてうちあげをする。川崎弘子、田中絹代がきたと聞いて覗きにいったりしたもんです。渋谷實は大森の半玉と結婚した。彼はまだ新進なのに鎌倉に大邸宅を持ってました。

大森の古本屋・守屋書店のおやじさんが築地小劇場に行っていて、その人がロシア演劇やスタニスラフスキー理論を教えてくれた。ここに出入りしていた左翼青年は、日本のリアリズム映画の傑作を教えてくれました。町内

『極道ペテン師』でフランキー堺、伴淳三郎を演出する千野皓司

にテンプラ屋の倅の神田伯竜がいて、町内にあったレストランの主人・遠藤さんが舞台を持っていて、戯曲も書く人で、そこで芝居をしたのが僕の初舞台。これで演劇に夢中になった。花柳界はマセた悪ガキが多く、おとなしいぼくは苛められてばかり。性的なイタズラもされた。演劇と映画への熱中だけが、猥雑な環境を忘れさせてくれたんです。そろばん嫌いだったけど進学したのは父親の希望で芝商業。そこでぼくが演劇部を立ち上げた。第一回公演は山本有三の『盲目の弟』。女優がいないから僕がオヤマ。講堂の舞台が狭いんで、ピンポン台並べて釘づけにして幅を広げました。日本学生演劇連盟に参加して合同公演をやった。エリート校四中からは高橋昌也。第三高女から伊藤智子、九段中の名古屋章もいた。音楽は慶応の林光。ハウプトマン『ハンネレの昇天』とカール・シェーンヘル『信仰と故郷』で、演出は昌也。彼は僕の演技をけなしました。僕だけ商業校なんで見下されてたんでしょう。

顧問の江口寿男先生が、ぼくと合作で台本『机の上』を書いてくれました。机の上のバイブルと唯物論書が論争を始め、赤インクや青インク、計算尺（ぼくの役）が加わって政府批判にまで発展。いかにも当時の左翼的な風潮が出ていますね。それに辟易した人形（大崎高女の生徒が応援出演）が、世界の美しさを説いてダンスをする。これは毎日ホールで再演され、学生演劇コンクールで一位になる。審査委員の戌井市郎が絶賛してくれました。これで俳優志望が固まったわけです。

早稲田の第二文学部演劇科に入り、事務仕事のバイトをしながら芝居をした。当時けっこう評価の高かった「ともだち座」に入ったけど、先輩たちの演技は新劇調でクサかったなあ。これは劇研と合併して解散。中島宏さん演出の『萌』で舞台助手を経験します。今村昌平、加藤武、小沢昭一なんかがいて、彼等は演劇論より猥談ばかりやっていた印象。そのうち第二文学部だと就職で不利だと聞かされ一部に入りなおし。折悪しく父親に新しい女が出来て継母とは離婚、そんなこんなで学費が払えなくなり奨学金をもらって大学にはとどまることが出来ました。

高校時代に、東京青年劇場の宮田輝明から「身体訓練のためにバレエをやれ」と言われたことを思い出し、二年のとき小牧バレエ団に入団。大学生は珍しいので小牧正英先生はたいへん可愛がってくれました。初舞台は有楽座公演、マンフレート・グルリット指揮の『ペトルーシュカ』。バレエは出来ないけどパントマイムが得意だったんで熊の役を。本物の熊皮を着て踊るので、体中がシラミだらけになったには閉口しました。あの音楽批評の先駆け・大田黒元雄に「熊がいい」と褒められたんだから大したもんでしょう。バレエのほうは出来ないけど。二年間小牧にいて、『コッペリア』の市長、『白鳥の湖』のヴォルフガングなどで全国各地を回った。帝劇、東劇、日比谷公会堂の舞台も踏み、男子禁制の宝塚にも出演。甲子園での野外バレエにも参加しました。

演劇科の卒業公演は『かもめ』のトレープレフ役。卒論もチェーホフで、これは倉橋健先生に褒めていただいた。新劇俳優になりたかったけれど、当時の新劇は左翼ばかり。それで左翼じゃない文学座研究所に。一番だった。当時の仲間には川辺久造、西本裕行、松下砂稚子がいる。でも俳優ってみんなライバルなんですね。足の引っ張り合い、つぶし合いが普通にある。ぼくは神山繁にいじめられた。研究生の卒業公演は谷口香との二人芝居で岸田國士『古い玩具』。これは杉村春子さんが評価してくれたし、長岡輝子さんも文学座に入れてくれるつもりだったけど、俳優の道は諦めていました。まず声がよくない自覚があったし、自分をだまして役になりきる姿勢に乏しいと思いました。俳優は詐欺師。その神経がない。

「白鳥の湖」を踊るバレエダンサー千野皓司。相手役は夫人

実は東宝ニューフェースも受けたんですけど、背が高いのを採る年だった。小泉博がはいった年。妻も受けてたらしい。

松尾昭典監督は時代劇が好きだった

俳優をあきらめ、戌井市郎先生のアドバイスもあり、そこで父に手を引かれての映画通いの記憶が蘇り、映画監督になろう、と志望変更。まず東宝だが、ここは新卒限定で就職浪人あつかいのぼくは資格ナシ。争議の影響で紹介者がない人も受験できない。それで借金して大学院に進み、そこの新卒として機会をうかがうことに。父が鎌倉に疎開したとき、町内会事務局長に。安芸の海と随筆家・森田たまさんがいた。この森田さんが谷口千吉監督に紹介してくれたけど「監督紹介はダメ」で東宝は断念。

落ち込んでたら昭和二十九年、日活再開。中央公論の編集長が日活の企画部にひきぬかれ、彼に森田さんが紹介してくれ、その紹介で日活助監督試験を受けたら一番ではいった。第二次面接のとき大学の先輩・今村昌平が松竹から既に移籍していて審査員、西河克己さんが審査委員長。今村さんは「お前は一番だ。這入れるぞ」と囁いてくれた。三番まで実力、あとは縁故だったとか。合格したときは嬉しくて涙が出ました。小牧バレエ団にいた広瀬佐紀子の父親が戦前スタア広瀬恒美だった。彼が松尾昭典に「助監督として面倒をみる」よう頼んでやると言った。今村さんと僕をとりあいになり、結局松尾さんに世話になることに。

松尾さんはマキノ雅弘組だったんで、ぼくの初仕事は『天城鴉』のフォース。松尾さんについて、かえってよかった。今村についた人は皆な早死にしてますから。キツくて。マキノさんはワガママな人。伊豆でロケしたんだけど、あらかじめロケハンしない。撮影に出かけてから思いつきで場所を決め、ぱっと撮りはじめる。台本はどしどし書き直す。周りは何やってるか分からない。急に「駕籠かきを出したい」とか言い出すので、念のため駕籠かき要員を用意しとかないといけない。

吉村廉さんには『少年死刑囚』でついた。三か月府中刑務所で撮影。ホンモノの囚人がいるとこで撮ったので怖かった。臭い飯というけど、ほんとに臭い刑務所の食事をたべた。この作品の影響で、今村さんが実際の現場でロケやるようになった。春原政久さん、『風にそよぐ葦』が良くて東映からひきぬかれた。いい人。ぼくがよく働くんでかわいがってくれた。でも中平さんたちがでてきて、春原さんは傍流に追いやられちゃいました。

日活は組織が変わりつつありました。田坂具隆さん、春原政久さんも古いんで傍流にされる。西河克己さんが引き抜いてきた松竹の人たちが中平康さんはじめ、みんな新鮮だったんで。新東宝の井上梅次さんも来る。松尾昭典さんはマキノさんにくっついて京都からきた。同じ京都でも蔵原惟繕さんは滝沢英輔さんについて来た。松尾さんは蔵原さんに頼んで日活へいれてもらった。

『沙羅の花の峠』は秩父の山の中でロケ。山村聰はカメラを横移動したりベビークレーンを山へ運ぶ、撮影は

大変。しかも活きてない。ぼくはついてないけど『黒い潮』はよかった。ラストシーンでは数寄屋橋にカメラすえて、

『東京の孤独』で助監督を務める千野（左から２人め）。中央に井上梅次監督。大坂志郎の顔も見える

照明マン藤林甲が築地までライティングやった。カメラは横山実。素晴らしい画で頭下がった。藤林さんは小学校卒で、マキノ組でエキストラになり「御用御用」やってた人。溝口健二を尊敬して独学で勉強。『武蔵野夫人』では芦ノ湖の向うまでライティングやった。ぼくとは仲が良くて、岩波ホールや日劇地下で映画みたりしました。ユニオン映画にいくとき誘ったけど断られました。

　このときチーフだった中平さんが、ぼくの仕事ぶりを買ってくれて、彼の監督作『その壁を砕け』では、当時まだサード助監督だったぼくに、タイトルバックを任せてくれた。7分のシーンを三か月かかって撮りました。助監督としては『美徳のよろめき』で一本ついただけなんですが。

　堀池清さんも松竹からの移籍組。『青空の仲間』『愛情』など何本かついた。いい人だけど、撮るのが遅いんで会社からはよく思われない。しかも、モノが言えない、「あー、うん」って反応しかない人。インパール作戦の生き残りで足に傷があった。移籍組にしては古いタイプで、馘になった。退職金もらって渋谷で喫茶店をはじめ、ここはみんなの溜まり場になりました。

　西河克己さんは大井の見番の近くのタバ

コ屋の息子。父親は都庁勤務。『草を刈る娘』でついた。一か月予定が三か月かかった。吉永小百合はあれでスターに。少女を使うのがうまい。大人の女は下手。

ぼくをいきなりサードにし、ついで『清水の暴れん坊』でチーフにしてくれたのが松尾さん。だから松尾組には28本、最多です。5年でチーフは早いほう。同期は鈴木清順組の葛生雅美、そして藤田敏八くらい。彼は東大で、当時は東大というと試験が悪くても補欠で入れちゃう。重役は小学校卒多かったし、堀久作社長も高商出なんで学歴コンプレックス。江守清樹郎専務も明治でしょ。戦時中はテイチクいってたから。

井上梅次さんは、そもそもは傍流だった。『勝利者』にバレエがでてきて、詳しいということでぼくがついた。元々水の江滝子は不良のお坊ちゃんがすき。石原慎太郎が不良の弟をなんとかしてくれとターキーに頼み、ぼくがついてた古川卓巳監督『太陽の季節』にチラと出る。そうやって評判をたてといて、たっぷり予算を使って裕次郎を売り出したのが『嵐を呼ぶ男』。これにも、ぼくはつきました。本当にドラムをたたいてるのは白木秀雄だけど、井上さんは早撮りがモットーなんで、音が合わなくてもかまわず編集した。裕次郎の足の長さを強調しようと白いズボンを穿かせたのは、照明マン藤林甲のアイデア。日活には背の高い奴は売れない、というジンクスがあった。大河内伝次郎、小杉勇はチビ。近くは長門裕之も。それを裕次郎が打ち破った。

井上梅次の脚本ってアメリカ映画の翻訳ばかり。『嵐を呼ぶ男』だってキャグニー主演『栄光の都』そのまんま。ホン作りの手伝いに井上邸に行きましたよ。彼が雑記帳に書き飛ばしたものを、ぼくが原稿用紙に清書する。だから早い。撮影も早くて、ふつう映画一本は三か月かかるところを。井上さんは一か月。助監督は基本給一万円のほかに、作品につくと手当てが一本五千円。つまり井上さんにつくと効率がいいわけ。そこいくとイマヘイだと一年かかるから助監督は食えない。そんな便利な井上さんが、製作部長と喧嘩して追放され、大映にいく。『群衆の中の太陽』の京都ロケのとき、「早く帰ってこい」と言われて断ったのがきっかけ。早撮りで安くあげて貢献してきたのにヒドい話です。

松尾さんは時代劇出身ですから、チャンバラが好き。自分で殺陣をつけますから。現代劇の印象が強いけど、結局『男の紋章』が傑作。彼は妾の子なんで暗さがある。それが『紋章』に活きた。女の問題で離婚したりして、テレビいって稼いだ。『大江戸捜査網』とか、本当に楽しんで撮ってたはず。アクションになるとイキイキするの。『人間狩り』なんか傑作だけど、本来の松尾さんの世界じゃない。シリアスなの作らないと評価されないんで一本作っといたわけ。

松尾さんの作品で大変だったのはアジアでロケしたもの。『金門島にかける橋』は一か月の予定が三か月、『アジア秘密警察』は三か月の予定が半年かかった。『金門島～』は日中台合作で、プロデューサーが蒋介石の子分。裕次郎が軍の落下傘部隊の飛行機に乗って飛んでくるシーンを撮るんだけど、毎日定期的に中国本土から金門島に砲撃がある。それが終わった頃を見計らって、低空で飛行機を飛ばす。それに合わせて200人のエキストラを動かす。これよく助監督二人でやったなあ、と。また撮影中にエキストラの台湾人と外省人が喧嘩するんです。台湾人は日本が好きだから一所懸命にやる。それが外省人は気に喰わない。外省人スタッフは嘘つきで、スケジュールも守らないいし、いうこと聞かない、動かない。そうとう叱りつけてやっと動く。つくづく同じアジアでも人種が違うんだと思いました。苦労したわりには当たらなかった作品ですね。

松尾組の『夕陽の丘』のとき、組合運動がはげしくて撮影中止命令が出た。それで組合の根本悌二と喧嘩した。彼は仕事しないで組合運動ばかり。PR映画撮ったくらいで、それも愚作でした。彼がポルノを始めて、のち社長になった。左翼といえば新東宝から来た山内亮一も、ぼくは一本ついたけど才能はなかった。東大なら入れとけ、の姿勢が彼等を入社させ、乗っ取られたともいえます。政治だけは巧いですから。

トラブル連続の監督生活

映画監督は職人であって作家じゃない、と考えるぼくは、どんな題材でも撮れるオールラウンドプレイヤーを目指していました。ために、いろいろ足を引っ張られた。滝沢英輔さんについて可愛がってもらったけど、チーフの蔵原惟繕に忌避されて二本目は無くなった。「俺は藤田敏八を採る」と。藤田は助監督としては無能で仕事もしない男。女に手が早いだけ。いま売れっ子の某監督のカミサンも彼の女だったけど、知ってるのかしら？　そんな藤田を蔵原さんがなぜ指名したか。東大出のゲイジュツカ肌なんで、仕事を取られる惧れがないから。でも職人タイプのぼくには、その可能性がある。滝沢さんは裕次郎とベッタリだったので、将来の仕事を考えたら当然の警戒でしょう。昇進のときも「優秀な助監督は監督になれない」の典型が千野だ、昇進させないほうが良い、と言われるようになってしまった。そのころ、ぼくは会社内で勉強の一環として映画会をやっていた。それで製作部長が、千野は勉強家だからと推薦してくれて、やっと監督になれました。

本当は遠藤周作の「わたしが・棄てた・女」でデビューするはずだったんです。ところが浦山桐郎が遠藤と酒場で会って直にOKをもらったと言い出し、盗られてしまった。それで僕を推してくれた製作部長が東京ぼん太を持ってきた。彼は松山善三が見つけてきてテレビに出し、相当人気があった。ぼくは悩みました。喜劇でデビューはよくないと。でもカミサンが「とりあえずデビューしなさい」と言うので従いました。

『東京の田舎っぺ』。脚本は今村昌平に書いてほしかったけど『競輪上人行状記』を書いたばかりなんで勘弁してくれと言われて、仕方なく自分で書いた。ぼん太は漫談家だから手取り足取り演技をつけた。音楽は山本直純。A級なら黛敏郎とかだけど、B級は決まって彼だった。この頃「寅さん」シリーズが始まっていて、これと同じ音楽をシレッと付けてきたんで、ぼくは激怒。直せといったら一時間で書き直した。小林旭と石原裕次郎がゲストで出て祝ってくれました。旭はお巡りさんの役、裕ちゃんは声だけの出演だから、みなさん分かったかな？客の入りも良かったのに、堀久作は怒った。喜劇と言い条シリアス劇にしたので。批評家で褒めてくれたのは田山力哉だけ。二本目もぼくで決まってたのに降ろされ、中平さんに交代。ところが、ぼん太の恩人・松山善三さんが観て「この監督は芯があるから付いていきなさい」と言い、ぼんたが「千野さんじゃなきゃ出ない」と言って、またぼくに戻ったんです。で、今度の『ニューヨーク帰りの田舎っぺ』はわかりやすいドタバタにしたら社長は絶賛。逆に批評家は見放しましたが。ちなみにニューヨークでのロケなんかありません。三本目の『いろいろあらアな田舎っぺ』はドタバタじゃない正調シチュエーションコメディ。ところが堀久作は気にいらなくて、ぼん太のシリーズは終わってしまう。サラリーマンの哀愁喜劇は日活ではやれないことになった。

いったん退社して専属契約で作ったのが、野坂昭如原作の「ゲリラの群れ」。ぼくもノッて撮ったし代表作と

デビュー作『東京の田舎っぺ』。東京ぼん太、友情出演の小林旭と

いう人も多い作品。釜ヶ崎でロケしたんで怖かったですよ。警察が警護してくれてやっと撮影できた。旅館がとれないんで、ロケ隊は結婚式場を借り切った。フランキー堺は社長の息子が売り出すつもりだったし、シリーズ化の話もあり張り切ってた。喜劇人は分裂症気味なもんですね。大辻伺郎はどうしようもない奴だし、バンジュンは威張ってるし。夜中に僕を呼びだして「お前の態度はなってない」と文句をいう。撮影は姫田真佐久さん。ウルサい人でワンシーンワンカットにこだわる。麻雀のシーンを望遠で撮ったり、創意に溢れた人ではあった。神代辰巳は彼の御蔭で巨匠扱いになったようなもの。嬉しかったのは旧友の林光が音楽を担当してくれたことです。ぼん太ものでは、さすがに頼めなかったからね。

原作と同じ「ゲリラの群れ」でいくつもりが、東映で「極道」シリーズが当たってるから、と『極道ペテン師』にされてしまった。タイトルだけで避けるお客さんがいますよ。江守清樹郎さんが追放されて、企画宣伝部が劣化していた。江守さんは新作を観ると、監督にハガキで感想を書いてきて励ますのが習慣だった人です。経営しかわからない堀さんが製作に口を出すようになったのは、結局息子に継がせたかったから。そうなると側近も臆病になる。『ニューヨーク帰りの田舎っぺ』で「このハゲ！」という台詞を削れと言う。堀久作がハゲだから失礼だと。息子の周りも「七人の侍」と称する取巻きが力を持って……そうやってダメになっていった。

撮影所が無くなったらロクな映画は出来ない。助監督の修行をしてこそ基礎が固まる。これは学校では教えられないもんです。日本映画学校だって今村昌平が資金欲しさで作ったもの。川島雄三と同級だった横浜市長とのつながりで、本来なら校庭がなきゃ許可が出ないところを、どうゴマカしたのか。募集の仕方が凄い。日大の試験日に門の前で「落ちたら来い。誰でも這入れる」と宣伝した。いい加減な奴が多いし、先行き不安だしで半年でやめる。入学金だけは入る。ぼくも一回よばれたけど、教えてどうなるもんでもないと思いました。

演出中のスナップ

裕ちゃんに頼まれたのが『ある兵士の賭け』。本を読んでダメだと思いました。原案は奥田喜久丸。彼が駐留軍と仕事でカランでる中で出てきたアイデアだと云う。その単純な思い付きをジェームズ三木が形にしたんですが、どう工夫しても面白くなるわけない。アメリカ側の監督キース・ラーセンも同意見。それで僕と助監督と猪又憲吾で直したんだけど、中井景プロデューサーが「こんな不吉なものダメだ」という。冒頭で主人公の骨を海に撒くシーンのことなんです。彼は製作部出身なんで、シナリオのことは分からない。結局なにかというと中井氏がクレームをつけてきてホンは一向に捗らない。コンテをたてても勝手にカットを減らそうとする。こんなシナリオで撮影に入ったら裕ちゃんは三億六千万背負うよ、と僕は北原三枝に言ったんですが……。でも裕ちゃんとの友情もあって監督を引受けたんですが、現場でも中井氏が口を出し、トラブルの連続。ラーセンは降り、僕も降り、最後は助監督だった白井伸明が完成した。どうも中井氏は、監督は素材を提供するだけで、編集権はプロデューサーのもの、と考えていたらしい。彼は『黒部の太陽』で当てて肩で風切ってましたからね。

それにしても軍人が歩いてるだけの映画で、なぜあんなにカネがかかったのか。大した俳優じゃないけど、やはりデール・ロバートソンのギャラが相当高かったんじゃないか。あちらの監督、スタッフもハリウッドなみのギャラを要求したんでしょう。ラーセン監督なんて僕のそばに立ってるだけだったけど。興行は当然大コケ。裕ちゃんは借金を背負った。それをなんとかしなきゃと『太陽にほえろ』を製作して借金を埋めていったんです。裕ちゃんは堅いからギャラはちゃんともらいました。中井景は辞職して独立、熊井啓と組んでテレビを作ったけどうまくいかず焼身自殺しました。

石原プロを作って独立した裕次郎を呼び戻したい、と日活は考えていた。裕次郎はその条件として、僕のシナリオ『男　暴力団壊滅作戦』の映画化を提示しました。鶴田浩二が山口組に襲撃された事件、あのとき鶴田を護衛したことで有名な刑事・佐川桓彦さんを水の江滝子さんに紹介され、5年がかりで取材したもの。いままでに日本映画にない型破りな刑事像……ヤクザと密着し内通者と疑われながら追及してゆく主人公……を創れた自信があります。水の江滝子さんがプロデューサーになり、タイトル『男』

『ある兵士の賭け』プログラム

は彼女がつけた。社内の評判は高いのに何度も中止され一向にゴーサインが出ない。そのうち同じダイニチ映配で菊島隆三脚本・勝新太郎監督『顔役』が作られ……これがぼくのホンとそっくりなんですね。でもハッキリ証明できることじゃない。菊島さんは同じ人に取材したんだって言うしね。『ある兵士の賭け』を降りたことでイメージも悪くなってたみたいです。僕の仕事は無くなったけど、日活は裕次郎で撮る約束だけは手にして、長谷部安春に『男の世界』（このタイトルは僕のもの）を作らせる。彼は上層部に気に入られてましたから。

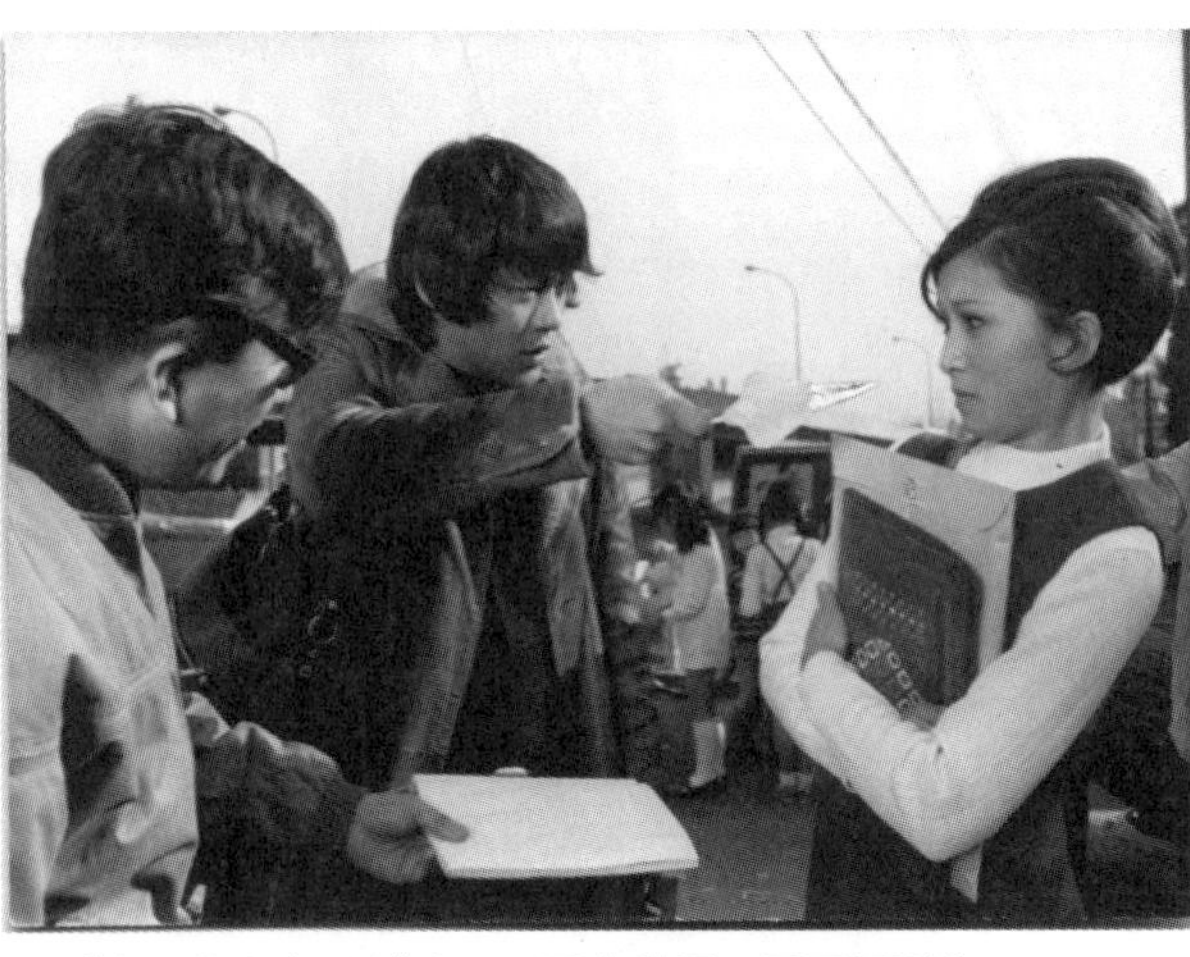

TV『おひかえあそばせ』で石立鉄男、岡田可愛と

ただ新しい刑事ドラマの可能性をみてとった日本テレビが『太陽にほえろ』の企画が誕生したんだから裕ちゃんにとっては良かったですね。

政府に睨まれた『密約』

どん底になると救いがくるのが、ぼくの人生。日活と縁が切れたら、江守清樹郎さんが社長のユニオン映画に呼ばれた。バックは東急です。ここは日活に反抗した人と、岡田茂に反抗した東映の人が集まっていた。ぼくはテレビに手を抜かない。早撮りをやらない。ドンデンを返すから照明のセッティングに手間がかかるけど、映画のように撮りたいので仕方ない。それで嫌われるんだけど、視聴率落ちると呼ばれる。日活は日テレと組んでた。『あいつとわたし』なんかの一時間ものは一週間に一話。ハードスケジュールで、体おかしくなる。ぼくもカイロプラクティクにかかった。テレビを撮り続けた人は死にますよ。

長く組んだのは石立鉄男。『おひかえあそばせ』『水もれ甲介』『気になる嫁さん』『パパと呼ばないで』等々。彼のマンガチックなオーバーな表現は嫌いだったけど、ワガママも言わないし、そもそもこちらにキャスティング権はない。テレビではワキのワキまで向うが決める。浅茅陽子主演のサスペンスもの『炎の記憶』のとき、凄くノッて演ってくれた菅貫太郎が「是非また組みたい。声をかけてください」って言うんだけど、プロデューサーに言わなきゃ。

その後ぼくはオフィスヘンミに引き抜かれる。ナショナル宣伝部長だった人が「水戸黄門」の製作から始めた、電通がバックの会社。主力ライターは松木ひろしと向田邦子。二人とも台詞は抜群にうまいけど構成力がない。で、ぼくがシナリオライターとして呼ばれたわけ。たくさん書いたなあ、葉村彰子名義で。あれはオフィスヘンミのハウスネームで、宮川一郎さんも向田さんも使った。『水戸黄門』なんか全部そうでしょう。なぜそうするかというと、著作権を発生させないため。だから再放送でお金は貰えない。

　ここで向田さんがかわいがってた中村和則君が独立してテレビ朝日でノンフィクション・シリーズをやるという。この人は学生運動のときのケガで盲人なんですが。僕は「義展ちゃん事件」をやるつもりだったけど、原作者が恩地日出夫と高校の同級生で「彼に譲ってくれ」というんで、僕は『密約』に回った。

『密約　外務省機密漏洩事件』は外務省漏洩事件の話なんで、新聞発表したら官庁は凡てロケを断られた。仕方なく外務省は外から隠し撮り。舞台となる毎日新聞ではもちろんロケは出来ないんで社内シーンは共同通信で撮ってます。政府批判の作品と思われたのか（まちがってはいないけど）テレビ朝日は

『密約』。キネカ大森ロードショー時のチラシ

政府に呼びつけられる。内閣調査室が僕の友人たちに「千野は共産党員か」と調査にやってくる。そうとう警戒されたんです。

　原作者・沢地久枝がモデルの作家役、最初は八千草薫が自ら立候補したんです。ところが旦那の谷口千吉が電話してきて「そんなのに出るとCMの仕事が無くなるからやめてくれ」。それで大空真弓に変更した。永井智雄はじめ俳優座の役者が中心のキャストで、これはオフィスヘンミとの縁で出た。縁といえば沢地さんは食えないころ向田邦子さんが援けていたんです。テレビなのに撮影には一か月かけ、アメリカなみに35ミリフィルムで撮りました。カメラは斎藤孝雄さん。予算がないんで、彼が照明のセッティングから何から一人でやってくれた。脚本は長谷川公之さんが書いたんですが、説明台詞が多いんで結局僕が書き直しました。西山太吉役の北村和夫さんは今村昌平先輩の友人で熱演してくれ、良い作品になったとの自負があります。

　評判が良かったわりに再放送もなく、サヨクと勘違いされたのか二年間仕事がなかった。つくづくテレビは許認可事業なんだなあ、と。山田和夫さんの肝煎りでモスクワ映画祭に『黒い雨』と一緒に出したら満員でした。アメリカのハーバード大学からも引き合いがあって上映しました。何年もしてから、また山田さんの口利きで堤清二さんの映画館・キネカ大森で劇場公開しました。35ミリで撮っておいて良かった！　西山太吉は「上映するな」と電話してきました。しょうがない営業左翼です。

　監督の僕がテレビを干されて昼寝と草むしりばかりしているのに、企画者のプロデューサーは普通に仕事してる。いい加減にしろ、と文句を言ったら「火曜サスペンス劇場」をやるようになった。辰巳柳太郎主演の『尊属殺人事件』、大楠道代主演で滋賀銀行横領事件がモデルの『女の決算』、無名だった大地康雄を売り出した『何故　深川通り魔殺人事件』あたりがお気に入りかな。『女の中の悪魔』で組んだ伊丹十三はクセのある男で、千野さんとやったらモメるとみんな心配した。それほどのトラブルはなかったけど、彼は夜中に電話してきて呑みに誘う。朝5時まで呑んで、こっちはふらふら、彼は平気。そんな意地悪をする。監督作を観たら、僕のコンテを勉強したのかな、と思いました。

　ミッドウェイ海戦が主題の『海よ眠れ』は計8時間、テレビ朝日25周年の大作。このときアメリカに戦闘シーンのフィルムを借りにいってショックを受けた。ジョン・

フォードが撮ったものでも、監督に映像の権利は無く、プリントすればいくらでも買えるんです。監督の著作権について深く考えさせられました。

ミャンマーを舞台にした映画は、最初アウンサン将軍を巡る戦争ものをやるつもりでした。でも爆薬を持って行ったりカネがかかる、まずは家族愛ものでいこうと『血の絆』になった。インパール作戦に赴いた軍人とビルマ女性の間に出来た娘が父親を捜す。図書館なみに参考書を集め、作戦に参加した人へのインタビューもしました。その中には先輩・西河克己さんもいます。彼はマラリアにやられて木の下に置き去りにされ、当の部隊は全滅。置き去りにされたんで生還した。でもこういう現実に戦った人は口が重くてね。

ワコールの塚本さんもインパール生き残り。彼が中心になって三菱など財界から資金を募った。1億もってロケに行き、リーマンショックもあり、いったん中止。僕は資金が来るまで居残り佐平次になった。ホテルはもったいない

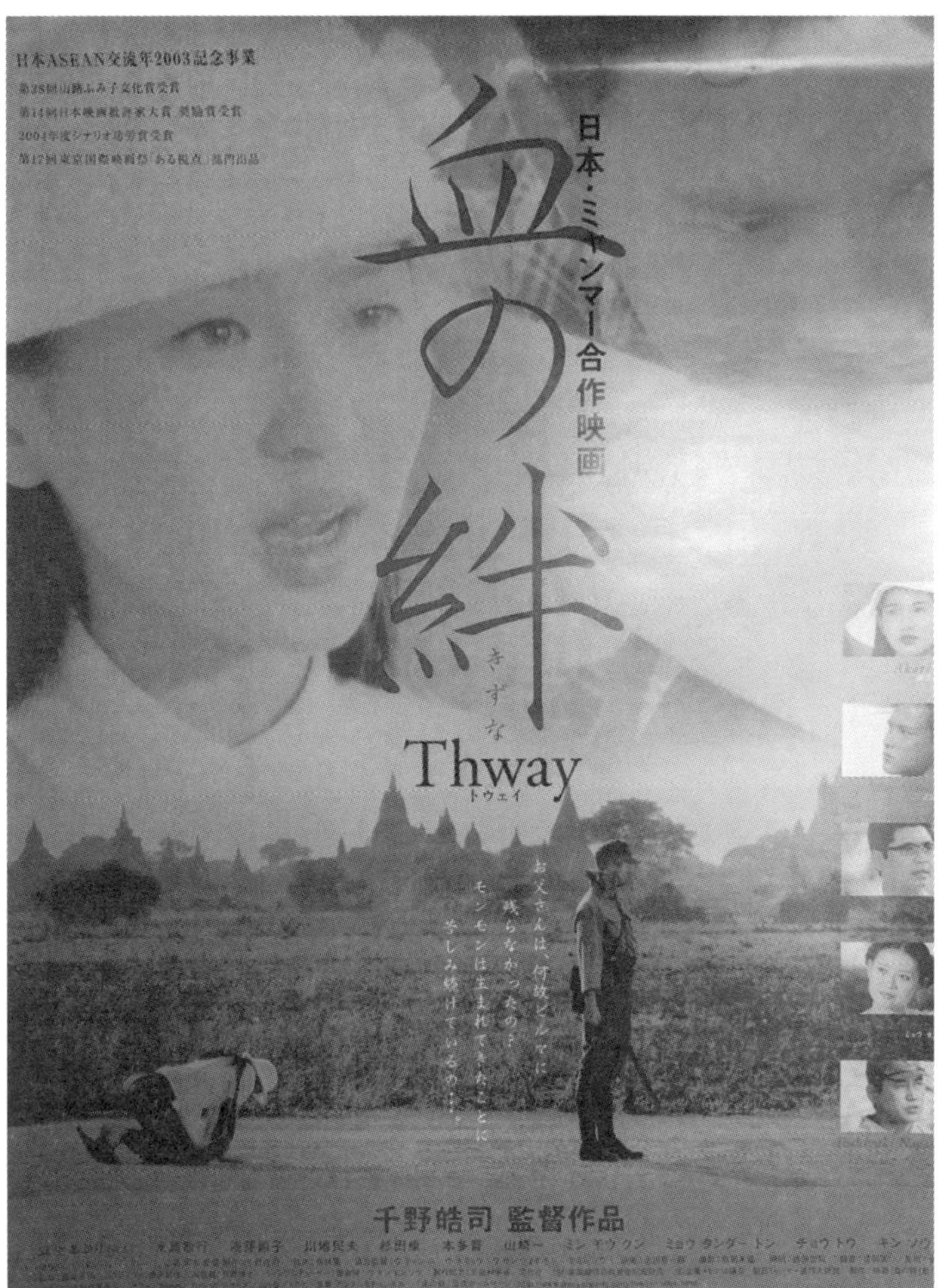

『血の絆』自主上映時のポスター

から刑務所にはいるかなんて言われた。カミサンが送金するにも、当時はアメリカの経済制裁があったから製作費と言ったら止められる。で、滞在費と書いて審査がＯＫになった。そのあと第二次ロケをして完成。結果３億６千万かかりました。ヒロインを演じた麻生あかりは、映画はこれ一本のみ。ミャンマー人と結婚して向うに住んでます。昔の仲間・川地民夫、中学の同級生で大映の悪役で売った杉田康が参加してくれたのは嬉しかった。ここまでで企画から13年。その後公開が決まらず10年塩漬けになってます。いま３時間20分のオリジナルはさすがに長いので、二時間半の短縮版を作ってます。アメリカの経済制裁も解けたから、そろそろ公開のメドも立ちそうです。

（ちの・こうじ）

＊＊＊

２０２２年12月、父・千野皓司は死去しました。

父は最後の監督作品『血の絆』の制作に於いて様々な困難を乗り越え長い年月を費やし、完成しましたが、皆様沢山のご支援、評価を受けながらも世界情勢や長い映画であること、世の中のデジタル化への移行などで興行が上手くいかず失意の中亡くなりました。

亡くなる7年前でしょうか、この映画の事でかなり前から疲労し心身ともに辛かったようで心臓を患っていました。しかし映画のこととなると薬を飲んで顔にも出さず元気に出かけて行きました。だんだんと体調が悪くなり、それに伴って認知症の症状が出はじめ様々な日常生活に支障が出てきて自宅での生活が困難になりました。なんでもとことんやらないと気が済まない性格なので、この原稿も直し途中のままになっていました。今回編輯の丹野さんからご連絡をいただき掲載できることに感謝しております。

父が施設で生活するようになってから、自宅に倉庫がある『血の絆』のフィルムの劣化が心配で、最後まで交流のあった佐藤重直監督と監督協会の事務局にご相談し、国立フィルムアーカイブに寄贈することができました。この夏8月に行われた同所の「逝ける映画人を偲んで」という企画のなかでようやく『血の絆』が上映されました。もうこのフィルムが日の目を見る事はないだろうと思っていたので、国立フィルムアーカイブの方々には大変感謝しております。天国にいる父も心から喜んでいると思います。

映画監督・千野皓司　長女　千野渓子

追悼

年賀状には、いつも…

坂下正尚

千野監督からの年賀状は、毎年決って、日本ミャンマー合作映画『THWAY―血の絆』のことだった。

最後となった平成29年の年賀状には〝短縮版〟を製作するとある。そうなのだ！『血の絆』、大東亜戦争を舞台にした、日本人を父とした異母兄妹の感動的な物語なのだが、三時間余り、冗漫なのだ。「切れば、良い作品になるのに――」。僭越ながら、そう申し上げて来た。カット出来ないところが、千野さんらしいと言ってしまえばその通りなのだが――。

★

監督協会の会議では、千野監督は必ずキャリーバッグを引いていた。一度、何が入っているのか訊いたことがある。答えて曰く「これまでの議事録と音声テープが入ってる」。几帳面なのだ。毎度、会議をカセットに収録していた。実は「映耘連」を作り上げたのも千野監督だったそうだ。

一方、晩年の千野監督の言動には聞くに堪えぬ暴言が、しばしばあった。詳しくは避けるが、聞くに堪えぬ発言で、ために人は去って行った。

その後、歩行も困難になり施設に入った。千野さんの親族の女性から、施設での様子を訊くと、御当人は施設のシーンを演出しているとのこと。それはそれで、幸せなのかも知れない。

昨年11月、その施設で永眠された――。

『血の絆』の１シーン。永島敏行とミョン　タンダートン

★

ポルノを撮らなかったことを誇りにしていた千野監督に『ある兵士の賭け』（１９７０年）の話を訊いたことがあった。多くを語りたがらなかったが、裕次郎氏には「この作品は、金がかかりすぎるからやめた方がいい」と、進言したと。

千野監督はＴＶの世界でも活躍されている。『密約 外務省機密漏洩事件』（１９７８年）、『海よ眠れ』（１９８４年）。これはテレビ朝日で放送され、ギャラクシー賞を受賞している。『密約』は、２度目の劇場公開だった２０１０年、千野さんに誘われ一緒に観たが、しっかり出来ていた。

『血の絆』――。改めて何んとかならなかったのかと思う次第である。

（さかした・まさひさ）

謹賀新年

日本ミャンマー合作映画「ＴＨＷＡＹ―血の絆」はいまだ劇場公開が出来ず苦斗しています。製作委員会の方々の進言で「短縮版」を製作することとなり「国際交流基金」が製作費を支援して下さることとなりましたが、上映劇場が決まらず苦慮しています。日本各地の映画館は次々に閉鎖に追い込まれ、その上フィルムの生産も中止となり、「ＴＨＷＡＹ―血の絆」が日本映画最後のフィルム作品となってしまいました。アウンサンスーチー女史がミャンマーの最高の地位についたことでアメリカのミャンマーへの経済制裁が完全にとかれ、日本の経済界もミャンマーへの関心が深まっている折から、今年こそ劇場上映を果したいものです。企画から完成まで十三年、完成から今日まで十年、これ程長期に及んで公開が出来ないとは全く予想もしませんでした。何とかして今年こそ劇場公開を果したいと思っています。何卒本年もよろしくお願い申し上げます。

平成二十九年一月元旦

〒194-0041 東京都町田市玉川学園七ー一〇ー五 TEL＆FAX（〇四二・七二五・九〇七二）

千野皓司

千野皓司の年賀状。『血の絆』への烈々たる思い入れが伝わってくる

徹底追跡

映画の中の「捕物帖」

最上敏信

捕物帳は、大衆文学から発生している。作家岡本綺堂の小説「半七捕物帳」の題名が最初のようである。これに同じ作家佐々木味津三が「右門捕物帖」、野村胡堂も「銭形平次捕物控」で続いた。作家自身か編集者か意識的に「捕物」の最後の一文字「帳」を「帖」「控」と替えてある。さらに映画の題名の中で最も多いと思われる誤記、がこの「帳」と「帖」である。

ならばこれを確認するため時代劇映画の多い東映時代劇の題名を徹底追跡!

題名の「捕物帖」が最も多く三八本もある。以下内訳は「當り矢金八—」「銭なし平太—」大川橋藏の「若様侍捕物手帖」二本の「手帖」を含む「若さま侍—」が一〇本、美空ひばりの「ふり袖—」「ひばり—」で六本、大友柳太朗「右門—」七本、若山富三郎「人形佐七—」六本、片岡千恵藏「半七捕物帖」、高田浩吉「お役者変化—」と「伝七—」で四本、沢村訥升「ふり袖小姓—」二本である。「捕物控」は市川右太衛門の「旗本退屈男捕物控」二本と里見浩太郎「銭形平次捕物控」で三本。伏見扇太郎の「龍虎捕物陣」二本。中村錦之助「お役者文七捕物暦」が一本。そして何故か唯一の「捕物帳」が、高田浩吉主演「素浪人捕物帳　闇夜に消えた女」である。三八本が最多で「捕物帖」。ヒットのためか?原作者岡本綺堂の「半七捕物帳」までも片岡千恵藏主演「半七捕物帖三つの謎」と改題してある。

何故か、この最後の一本だけを「素浪人捕物・帳」としたのだろうか不思議?

間違っているかもしれないが同時上映作品、一九六三年八月二七日公開、市川右太衛門主演の「雲切獄門帳」の影響、なのではないのか?新聞広告の表記が片や「獄門・帳」とあるのに「素浪人捕物・帖」ではと、二本を「帳」に統一するために「捕物帳」と訂正したのではないのか!

さらに調べると東映資料及び新聞広告の朝日・毎日・読売は「素浪人捕物帳」と正しい表記だが、キネマ旬報や映画年鑑の文字資料が、残念!「素浪人捕物帖」と誤記のまま残されている。

●作品別にみてみると、「半七捕物帳」の映画化は、新興キネマ「怪談津之國屋」と松竹「半七捕物帳第一話勘平の死」、それに問題のある?東映「半七捕物帖三つの謎」の三本だけ、と極めて少ない。

●佐々木味津三原作「右門捕物帖」の映画は四九本。内訳は、嵐寛壽郎の三八本。「右門一番手柄南蠻幽靈」「六番手柄」「十番手柄」「十六番手柄呪ひの藁人形」「十八番手柄」「二十番手柄お蘭扱帯の秘密」「二十五番手柄七七なぞの橙」「三十番手柄帯解け佛法」「三十五番手柄越後獅子の兄弟」「三十八番手柄第一話白矢」「〃第二話黒影」「〃第三話青空」「二百十日」「七化け大名」「花嫁地獄變」「晴々五十三次亂魔篇」「〃裁決篇」「娘傀儡師」「雪夜の謎」「木曾路の謎」「血染の手形」「拾萬兩秘聞」「金色の狼」「右門江戸姿」「幽靈水藝師」「御

存じ右門護る影」「謎の八十八夜」「伊豆の旅日記」「片眼狼」「帯とけ佛法」「緋鹿の子異変」「謎の血文字」「からくり街道」「妖鬼屋敷」「まぼろし変化」「献上博多人形」「むッつり右門捕物帖鬼面屋敷」「恐怖の十三夜」である。片岡千恵藏は「三番手柄」の一本で、淺香新八郎が「謎の人形」「張り子の虎」「呪の藁人形」の三本。七本の大友柳太朗は戦後東映で製作されたもの。「片眼の狼」「地獄の風車」南蛮鮫」「まぼろし灯篭の女」「卍蜘蛛」「紅蜥蜴」「蛇の目傘の女」である。私見だが、このように業界全体が「捕物帖」という題名にしなければヒットしない！と錯覚した理由は、鞍馬天狗同様、嵐寛壽郎主演の「右門捕物帖」の大ヒットの影響だ、と思われる。さらに記憶にはない題名で再映をすれば、客が来る？とばかりに改題版が氾濫した。「仁念寺奇談」「からくり般若相」「嵐寛寿郎・金語楼捕物帖謎の必殺剣」「正邪の魔剣」「謎の妖艶寺」「復讐の血文字党」などが今日までに調べて判明したアラカンの右門捕物帖、改題版である。

アラカンの「右門捕物帖」の出演本数は、御園京平・磯貝宏國が三五本、キネマ旬報と司馬叡三の三六本、嵐寛壽郎研究家西山光燐の三八本など諸説がある。私見だが「右門捕物帖三十八番手柄第一話白矢・第二話黒影・第三話青空」の本数の数え方から来たものであろう。資料によれば、夫々四巻、三巻、三巻と短篇であり、同時公開もあり分割して封切ったところもあったようだ。ついでに残された資料が殆どないので子分の「おしゃべり傳六」役も調べた。頭山桂之介が最高の二三本、堺駿二は六本、澤村國太郎と渡辺篤の各三本、田村邦男と榎本健一で各二本、一本だけが、葛木香一、原健作、古川緑波、田中春男、柳家金語楼、小倉繁、川田晴久、三井弘次、坊屋三郎、高原駿雄の一〇人である。調子に乗って、敵役のあば敬こと村上敬四郎役は、尾上紋彌が二三本、進藤英太郎八本、志村喬で五本、鳥羽陽之助と上田吉二郎が各四本で一本だけが、瀬川路三郎、山口勇、村田宏壽、柳家金語楼、坂本武の五人だ。

珍品の近藤右門映画を探してみると、一九五九年一二月二七日公開、新東宝、近江俊郎監督「東海道弥次㐂多珍道中」で、岩井半四郎が。一九八四年一二月二八日公開、松竹、野村芳太郎監督「ねずみ小僧怪盗伝」では加藤嘉が演じていた。

●フジテレビの連続時代劇の大川橋蔵「銭形平次」が一九六六年から一九八四年の一九年間で奇跡的な八八八本放映となった理由は、原作である野村胡堂「錢形平次捕物控」の題名から「捕物控」を削除する英断であったと思う。それに較べると映画化された「銭形平次捕物控」は三〇本。ひと昔前、東京銀座のど真ん中でビル工事中の看板が、社名紹介に併せて堂堂と「銭形平次捕物帳」とあったのには驚いた。もう「捕物帳」や「捕物帖」の時代は終わったのだ、と実感した。第一作は、一九三一年一〇月一日公開、松竹、廣瀬五郎監督、堀正夫主演「錢

形平次捕物控　振袖源太」である。以下、日活澤村國太郎「七人の花嫁」、新興キネマ、嵐寛壽郎主演で「富籤政談」「復讐鬼」「紅蓮地獄」の三本、小金井修「濡れた千両箱」の一本。さらに松竹海江田譲二「銭形平次捕物控」「第二話名月神田祭」の二本と、川浪良太郎「平次の女難」「南蠻秘法箋」の二本と戦前だけでも一〇本が映画化された。戦後は、長谷川一夫だけで一八本。第一作は大映作品と思いがちだが、実は新東宝佐伯清監督「平次八百八町」である。大映は二作目からで「銭形平次」「恋文道中」「地獄の門」「からくり屋敷」「金色の狼」「幽靈大名」「どくろ駕籠」「死美人風呂」「人肌蜘蛛」「まだら蛇」「女狐屋敷」「八人の花嫁」「鬼火燈篭」「雪女の足跡」「美人蜘蛛」「夜のえんま帳」「美人鮫」まで、である。以後は東映へ移って里見浩太郎「銭形平次捕物控」と大川橋藏「銭形平次」で終了している。平次の恋女房の名前は「お静」。子分の名前は、右門のおしゃべり傳六と並び有名な「がらっぱちの八五郎」役は、花菱アチャコの五本、頭山桂之介と堺駿二が各三本、二本は、尾上榮二郎、榎本健一、川田晴久、船越英二で各二本、一本だけは、伊庭駿三郎、山路義人、佐々木小二郎、伊藤雄之助、益田キートン、渡辺篤、本郷秀雄、三木のり平、ハナ肇、南道郎、大辻伺郎と個性派俳優たちが勢揃いである。

●作家城昌幸原作の映画化の中で「若さま侍捕物手帖」が最も有名である。一九四一年八月二一日公開、大都映画、白井戰太郎監督、近衛十四郎主演「若さま侍捕物手帖花火の舞」が第一作目。戦後は、黒川彌太郎主演の新東宝作品「謎の能面屋敷」と「呪いの人形師」の二本が最初だが、黒川彌太郎が新東宝から大映へ移籍したため、坂東鶴之助(後に五世中村富十郎)主演で「江戸姿一番手柄」と「恐怖の折り鶴」の二本が続いた。さらにこれら四本の新東宝若さま侍シリーズは、すべて改題されて再映しているので混乱をする。改題された題名は順に「恐怖の仮面」「まぼろしの恐怖」「二人若様浮世絵騒動」「謎の折鶴頭巾」である。これを受け東映が大川橋藏主演で「若さま侍捕物手帖地獄の皿屋敷」「〃べらんめえ活人剣」の二本を同時公開する。上映時間が短いので、当初は東映娯楽版の予定であったようだが、橋藏の「若さま侍」が思わぬヒット。以後は題名を新東宝に合わせて原作の「手帖」から「手」を取り、第三作目「若さま侍捕物帖　魔の死美人屋敷」とクレジットには「手」がないのだが、ポスターだけは「若さま侍捕物手帖〜」と「手帖」がそのままである。以後「鮮血の晴着」「深夜の死美人」「鮮血の人魚」「紅鶴屋敷」「若さま侍捕物帖」「黒い椿」「お化粧蜘蛛」と、全一〇作続くヒットシリーズで、橋藏初期の代表作である。

●松竹の資料は、映画史家田中純一郎が監修しているはずだが、高田浩吉主演「伝七捕物帳」とすべての題名が誤記で統一されている。題名の表記を明確にするため画像のクレジットからそれを列記する。

【〇一】傳七捕物帖　人肌千両

【〇二】傳七捕物帖　刺青女難
【〇三】傳七捕物帖　黄金辨天
【〇四】傳七捕物帖　女郎蜘蛛
【〇五】傳七捕物帳　花嫁小判

と、この五作目から同じ福田晴一監督であるのにもかかわらず突然「捕物帳」と一字が替わっている。だが、また六作目より元の「傳七捕物帖」に戻った！

【〇六】傳七捕物帖　女狐駕籠

これもとてもユニークな題名。漢字で「めぎつねかご」とあるが何故？か「きつねかご」とルビが振ってある。さらにこの映画は「傳七捕物帖」だが、川田晴久が「銭形平次」役で特別出演しているのが面白い。平次の原作者野村胡堂が参加しているので許された、のかもしれない。

【〇七】伝七捕物帖　美女蝙蝠

そろそろ旧漢字の「傳七」の題名を新漢字の「伝七」へ戻すことにしたのか？と思ったのも束の間！

【〇八】傳七捕物帖　銀蛇呪文

オイオイ！これも同じ福田晴一監督だが統一感を出すために？元の「傳七捕物帖」

【〇九】伝七捕物帖　髑髏狂女
【一〇】伝七捕物帖　女肌地獄
【一一】伝七捕物帖　幽霊飛脚

ご覧下さい。以上一一本の高田浩吉主演「傳七捕物帖」、残念だが、松竹の紙資料では「伝七捕物帳」とすべて統一されて書かれてあるが、この表記は一本もない。

黒門町の傳七、恋女房の名前はお俊。子分は獅子ッ鼻の竹で、伴淳三郎が全一一作で演じている。ライバルは早縄の五兵衛である。ヒットの要因は、「傳七小唄」などを唄える軽快な高田浩吉の存在とアノテコノテで場面を面白おかしくした伴淳三郎があってこそだと思う。その後、松竹が時代劇製作を中止したので高田浩吉は、松竹から東映へ移籍した。

【一二】伝七捕物帖　影のない男
【一三】伝七捕物帖　女狐小判

と、東映でも二本追加製作したものの、獅子ッ鼻の竹役がバンジュンではなく星十郎や堺駿二では続くことはなかった。

原作は「捕物作家クラブ」で、野村胡堂、陣出達朗、佐々木杢太郎、城昌幸、土師清二、の五名で始まり途中一作だけ谷尾充（資料に谷屋充とあるのは誤記）が参加。

●横溝正史原作の「人形佐七捕物帳」は、戦後すぐに巷談雑誌で「人形佐七捕物文庫」の題名で連載、出版されたようだ。小説は全部で一八〇編あり、佐七の子分は「きんちゃくの辰」と「うらなりの豆六」が有名である。戦前に映画化された一本が、松竹、岩田英二監督、中村正太郎主演「羽子板の謎」であり、この時には「人形佐七捕物帳」のサブタイトルはなかったようである。戦後の一作目は、新東宝で毛利正樹監督、嵐寛壽郎主演「人形佐七捕物帖　通り魔」これ以降の題名はすべて「人形佐七捕物帖」である。

第二作が一九五五年三月一日公開、東宝、マキノ雅弘監督、小泉博主演「めくら狼」

伝七捕物帖

女狐駕籠

愈々面白い松竹の捕物シリーズ！

闇に浮ぶ狐火……連続殺人！
御存知江戸随一の美男目明し
浩吉と乾分伴淳の大活躍！

6月1日(金曜)封切

監督 福田晴一

高田浩吉
草笛光子
伊吹友木子
アチャコ
関千恵子
近衛十四郎
川田晴久
山路義人
市川小太夫
伴淳三郎

『伝七捕物帖　女狐駕籠』新聞広告（朝日新聞　昭和31年5月29日）。「女狐」に「きつね」とルビがふってある

新東宝①若山富三郎「妖艶六死美人」
新東宝②若山富三郎「大江戸の丑満刻」
新東宝③若山富三郎「花嫁殺人魔」
新東宝④若山富三郎「浮世風呂の死美人」
新東宝⑤若山富三郎「腰元刺青死美人」
新東宝⑥中村竜三郎「鮮血の乳房」
新東宝⑦中村竜三郎「裸姫と謎の熊男」
東映⑧若山富三郎「般若の面」
東映⑨若山富三郎「くらやみ坂の死美人」
東映⑩若山富三郎「血染の肌着」
東映⑪若山富三郎「ふり袖屋敷」
東映⑫若山富三郎「恐怖の通り魔」
東映⑬若山富三郎「闇に笑う鉄仮面」

と、若山富三郎の一一本が圧倒的な本数でピッタリの代表作、となった。

題名の漢字で気になるのが「丑満刻」。これは大映映画一九四九年八月八日公開、「大都会の丑満時」があるからで、「時」でも「刻」でも、どちらでも良いのかもしれない。だが一九六一年八月九日公開東映「人形佐七捕物帖　闇に笑う鉄火面」のポスターは「鉄火面」とある。東映誤題名の珍品だが当然「鉄仮面」が正しい。

途中、題名ばかりがズラッと並んでイヤになってきたが、映画の中の捕物帖の中でも代表的な「半七捕物帳」「右門捕物帖」「銭形平次捕物控」「若さま侍捕物帖」「傳七捕物帖」「人形佐七捕物帖」までを徹底的に調査できたことはよかった。それにしても日本時代劇映画には、なんと「捕物帖」の題名の付く映画の多いことか！遡って、戦前の「捕物帖」から調べ始めたが、残念なことに、ここで書き続ける紙数が尽きてしまった。次回へ続けようと思います。乞うご期待！下さい。

（もがみ・としのぶ）

色男の死にざまを見よ
スティーブ・コクラン 謎の死の真相

千葉豹一郎

色男、水っぽい、という言葉がこれほど似合う男はいまい。色男や色仇の役を得意としたばかりでなく、死にざまもこれにふさわしいものだった。その男の名はスティーブ・コクラン。

『我等の生涯の最良の年』（46）や『白熱』（49）等の有名作に出演し、アントニオーニに招かれて『さすらい』（57）にも主演するなどしているが、B級スターのイメージが付きまとった。髪をポマードで撫でつけ、ホストやジゴロといってもおかしくないチャラさの一方、ハンサムで男の色気があり、危ない男だけが持つ人を惹きつけるものがあった。実際3度の結婚歴があり、女性にもよくモテてプレイボーイとしても有名だった。たしかに、悪役を演じてもどこかチャーミングで、憎めない愛嬌のある男ではあった。

1960年代の末から70年代の初頭にかけて、コクランの出演作がテレビの洋画劇場によくかかっていた。日曜洋画劇場の『白熱』（49）では、ジェームス・キャグニーの収監中に妻のヴァージニア・メイヨを誘惑し一味の乗っ取りまで企む間男の手下。当然ながら、怒り心頭に発して脱獄してきたキャグニーにあえなく殺されてしまう。『ダラス』（50）ではゲーリー・クーパーと対峙するレイモンド・マッシーの2丁拳銃の手下でいきがっていたが、クーパーに尻尾を踏まれて飛び出した黒猫に驚いたところを仕留められてしまう。他は深夜劇場等で多

『さすらい』のスティーブ・コクラン

くは日本未公開作だった。バート・ランカスター主演の『アメリカ野郎 Jim Thorpe　All -American』（51）のランカスターの対戦相手のフット・ボール選手、KKK団の暗躍を描いたジンジャー・ロジャース、ロナルド・レーガン、ドリス・デイ主演の『目撃者　Storm Warning』（51）ではKKKの一味、『夜歩く男』（48）や『肉の蠟人形』（53）等の脚本を手がけたクレーン・ウィルバーが監督も兼ねた刑務所内の暴動をリアルに描いた『Inside the Wall of Folsom Prison』（51）では、ラストで興奮したウィリアム・キャンベルの発砲でコクランの持っていたダイナマイトが爆発して全員死亡！ルース・ローマン共演の『殺人逃亡者　Tomorrow Is Another Day』（51）では無辜の罪で収監されていた脱獄囚。追ってきた警官を倒そうとしたところを、とっさの機転を利かせたローマンに肩を撃たれたお陰で罪を犯さず済み彼女と無事結ばれる。ヘンリー・キングの実弟ルイス・キング監督の現代版西部劇『荒野の血闘　The Lion and the Horse』（52）等々。

『ダラス』でクーパーにカラむコクラン（左）

『ミステリー・ゾーン』『ボナンザ』『バークにまかせろ』『ルート66』『バージニアン』等人気番組のゲスト出演も目立ち、『アンタッチャブル』では実在のパープル・ギャングのボスと密造酒製造のボスを演じて2話に出演し、いずれもネス隊長に倒された。新作がぱたりと途絶えたことに首を傾げて俳優年鑑に当たっても既に記述はなく、それから間もなく『スクリーン』でとんでもない記事を目にすることになる……。

コクランは1917年、カリフォルニアのユーリカ生まれ。幼い頃にワイオミングのララミーに移りワイオミング大学を卒業。在学中はボクシングやサッカーに興じ、卒業後は地方劇団に参加して、戦時中はカウボーイ、大工、デパート店員、消防士、探偵等の様々な職業に就いた。シアター・ギルドの舞台に立っているところをサミュエル・ゴールドウィンの目に留まり、チェスター・モリス主演のボストン・ブラッキーシリーズを経て、グレッグ・トーランドのカラー撮影が素晴らしいダニー・ケイの『天国と地獄』（45）のギャング役で本格デビュー。

以後もダニー・ケイの『牛乳屋』(46)や『ヒット・パレード』(48)とカラー作品に立て続けに出演し、幸先のよいスタートを切った。

グルーチョ・マルクスの『悩まし女王』(47)も含めて当初はコメディが多く、スカウトされた際に立っていた舞台も喜劇だった。しかし、その間の『我等の生涯の最良の年』(46)では〝本領〟を発揮し、ダナ・アンドリュースの出征中に新妻のヴァージニア・メイヨを誘惑する復員軍人の間男を演じて注目された。その後、ブロードウェイの舞台に戻ったところをワーナーに招かれて『白熱』に出演。『天国と地獄』以来共演経験の多いヴァージニア・メイヨと息の合った不倫を見せつけて、色仇のイメージを定着させ強烈な印象を残した。

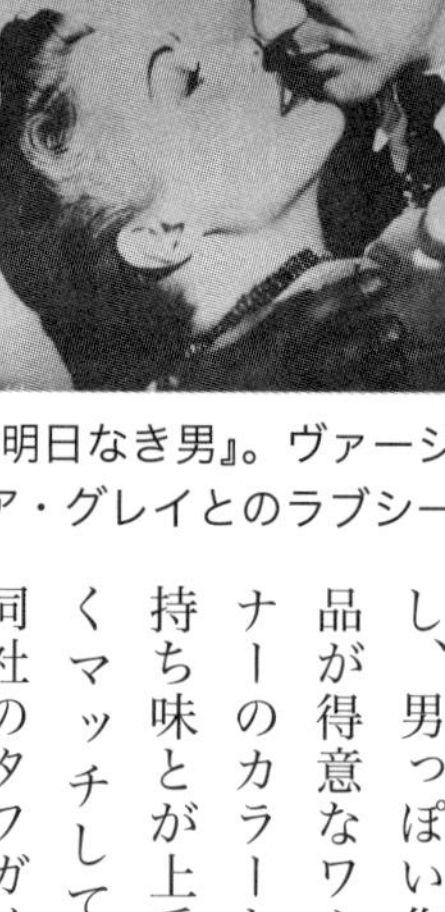

『明日なき男』。ヴァージニア・グレイとのラブシーン

ワーナーと契約して主に前記のようなノワールやアクション物で活躍し、男っぽい作品が得意なワーナーのカラーと持ち味とが上手くマッチして、同社のタフガイスターとしてかなりの売れっ子となった。この間の多くが日本未公開なのが惜しまれるが、凶悪なギャングを演じた『明日なき男』(50)、鬼隊長に扮した『肉弾戦車隊』(51)、戦時中に仲間を密告した裏切り者を軸に据えて捻った反共映画『語らざる男』(52)等をはじめワーナー後期の出演作は日本でも公開されている。

その後はワーナーを離れ、RKOの『カーニバルの女』(54)ではお得意の色仇、本誌58号でも触れたドン・シーゲル初期の『地獄の掟』(54)では事故死した強盗犯の大金に目がくらんで懐に入れようと企む敏腕刑事、『悪いやつ』(59)では悪い奴はビート族で暴行魔のレイ・ダントンで、コクランは愛妻まで襲ったダントンを追い詰める捜査主任、『私刑街(リンチ)』(59)では、労働組合を牛耳るボス、ミッキー・ルーニーと殺し屋(またしてもレイ・ダントン)との密会を目撃したため沈黙を迫られ、激しい暴行を受けても怯まず証言する勇気ある硬骨漢の組合員と、善人も違和感なく演じた。

なかでもリパブリックの『春来りなば』(56)は、コクランの役どころとしてはかなり異色の部類に属し、思わぬ拾い物で最も好きな出演作だ。自らの酒酔い運転事故のショックで、愛娘が声を失ったのがいたたまれず家を出たコクランは8年ぶりに帰郷するも、妻のアン・シェリダンや周囲の目は冷たい。彼の留守中、あわよくばとシェリダンを狙っていたソニー・タフツも面白くない。しかし、酒も絶ち懸命に働く姿に接して周囲の目も次第に変わり、彼の冷静な判断で町民たちは竜巻から救われる。酔って絡んできたタフツを殴り倒したコクランを責める者はもういなかった。そんなある日、愛犬を追って崖から転落した愛娘をコクランは危険も顧みずに救出し、愛娘も声を取り戻して一家に春が訪れる。何ともご都合主義な展開ながら、妻に小突かれたり翻弄されたりする、いつもとはまったく異なる家族思いの男をコク

『私刑街』でミッキー・ルーニーリンチされるコクラン。子分はレオ・ゴードン（右）、グラボウスキ

ランが好演していた。テレビの深夜劇場で半世紀以上前に観たきりだが、小山田宗徳が吹き替えていたこともあって再起を誓う誠実で真摯な感じが際立った。トニー・ベネットの唄う主題歌も印象深く、リパブリックお得意の2色方式のトゥルーカラーにしては色も綺麗で再放映が待たれた。しかし、同枠で前後して放映されたスターリング・ヘイドン主演の『野生地帯』(55)やレイ・ミランド制作・監督・主演の『リスボン』(56)、バーバラ・スタンウィックの『烙印なき男』(56)をはじめ、この時間帯はおろかリパブリックの作品は殆ど放映されなくなってしまった。『春来りなば』は、昭和の終わりに今はなき渋谷の『すみやレコード』で本国版のサントラが買えただけで今に至っている。ちなみに、最晩年のヴィクター・ヤング作曲の主題歌がやはり印象に残る『野生地帯』も、レコードが当時発売されていたことを突き止めたものの、こちらは未だに未入手だ。

『春来りなば』プログラム。コクランとアン・シェリダン

翌年、コクランはミケランジェロ・アントニオーニの日本デビュー作となる『さすらい』(57)の主演に招かれ、大きな転機を迎える。コクランは長年同棲し子供までいたアリダ・ヴァリに求婚するも拒絶され、各地をさまよいながら3人の女たちと深い仲になる。しかし、ヴァリを忘れられず、いずれも長続きしなかった。結局、ヴァリのいる街に戻るが、別の男との間に子を成したのを見て絶望のあまり鉄塔に上る……。コクランは主人公の孤独と寂寞感を巧みに演じて各方面から絶賛された。アントニオーニとコクランの組み合わせは何とも意外に思えるが、アントニオーニ

は『春来りなば』の家族との断絶に苦悩し妻のシェリダンにも気押されるコクランを観て、わざわざ招いたのではないのだろうか？　どうも、そんな気がしてならない。

　齢40を迎えたコクランは、これを機にステレオタイプともいえる従前の役どころから脱皮を図るのかと思いきや、また元の路線へ逆戻り。実在の悪名高い南軍ゲリラ、クァントリル一味の暴虐を描いた『地獄部隊を撃て！』（58）では、あまりの悪辣さに味方であるはずの一味を寝返って、討伐に乗り出す南軍の諜報員を演じた。ロジャー・コーマンの『暗黒街の掟 I Mobster』（58未）や前記の『悪いやつ』『私刑街』を挟み、61年には全米の興行主が制作資金を持ち寄って制作された異色の西部劇『荒野のガンマン』に出演する。興行主たちに推されたサム・ペキンパーの記念すべき映画デビュー作で、コクランはブライアン・キースとくっついたり離反したりする十八番の仇役を生き生きと演じた。このあたり、オスカー俳優になってもそれまでの路線を変えなかったリー・マービンにも通じ、見方によってはある意味潔い。

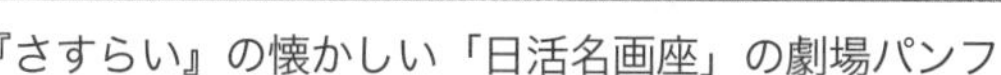
『さすらい』の懐かしい「日活名画座」の劇場パンフ

　ところが、その後はマール・オベロンとクルト・ユルゲンスとの三角関係を描いた『情事の曲り角 of Love and Desire』（63未）を経て、念願の制作、監督、共同脚本、主演のメロドラマ『Tell Me in the Sunlight』（65未）を完成させる。元々このジャンルを志向していたのか、それとも『情事の〜』に触発されたのかは興味深いところだ。さらなる飛躍を図ったコクランは、次回作の準備にとりかかるべく動き出す。

1965年の5月に48歳となったコクランは、翌月の3日コスタリカへ向かい自家用ヨットでアカプルコを出発。一人になりたいから、とマネージャーの同行を断りながら、オーディションで180人もの中から選んだ14歳，19歳、25歳の3人の女優が一緒だった。しかし、途中で嵐に遭ってマストが折れて航行不能となったうえ、10日後の13日頃から激しい頭痛とめまいに襲われたコクランは15日に死亡。他にヨットを操れる者はおらずに海上をさまよい、これを発見したトロール船から連絡を受けた沿岸警備艇によってようやく26日にグアテマラにたどり着いた。コクランの死因は肺炎とも伝染病ともいわれ、遺体は既に腐敗していた。

3週間あまりに及ぶ死の航海中の出来事の詳細は定かではないが、状況から考えれば何があったかは推して知るべしだろう。当然のことながら、この猟奇的かつミステリアスな事件は、口さがないハリウッド人種やマスコミの好奇の的となった。ところが、未成年者が関係していたからなのか他に何か事情があるのか、真相が明らかにされることはなく一般には水難事故のように伝えられている。翌年に、『ローハイド』のフェーバー隊長役で知られるエリック・フレミングがペルーでロケ中に水死したため、これとごっちゃになった可能性もある。以後は、コクラン自体が話題になることも滅多になく、今や事件を知るものも少ない。事件について触れたのは冒頭で述べた70年代の『スクリーン』に載っていた〝ハリウッド猟奇事件史〟みたいな単発記事だけで（ウィリアム・ホールデンが死亡事故を起こしていた等、他では一切耳にしたことのない話も紹介されていた）、直後に出版されたキネ旬の俳優年鑑でも肺炎で死去とだけある。この手の事件を一番喜びそうなケネス・アンガーの『ハリウッド・バビロン』のⅠとⅡでも、なぜか取り上げられてはいない。まったく不思議なことで、何か触れてはいけない事実が隠されているのでは、と勘繰りたくなる。いずれにしても、稀代の色男俳優にはふさわしい死にざまだったといえよう。ただ、3番目の妻やまだ存命だった母親も含めた家族の心中は察するに余りあり、とんだ親不孝をしたものである。渾身を傾け遺作となってしまった『Tell Me in the Sunlight』が母親の奔走と尽力によって公開されたのは、完成から2年後の1967年のことであった。

（ちば・ひょういちろう）

邪論！・正論!!はた快楽（けらく）！④

映画ファンは〝行動〟するのだ

浦崎浩實

『パリで一緒に』（63）を昼下りのＴＶ放映で漫然と見てたら、ウィリアム・ホールデン（三役）扮する脚本家がオードリー・ヘプバーンにこう宣まわる。「『フランケンシュタイン』と『マイ・フェア・レディ』（64）は同じだよ。ラストは違うがね！」。

なるほど！イライザはハイソに〝化ける〟わけだし！　それと、これ、オードリーへの当てつけ？『マイ・フェア・レディ』のジュリー・アンドリュース舞台版は１９５６年からロングランしているし、それをオードリーごときが、やっつけだろ、と？

で（？）毎度のことながら、映画本刊行のにぎやかさ、多彩（？）さ！以下、順不同、敬称抜き、駆け足にて！

太田和彦「映画、幸福への招待」（晶文社２０２３年２月刊、１８００円）は往時の日本映画がまさにホカホカの〝現在作品〟として語られる。筋書き紹介が実にお見事で、スチルめいたものの助けなしでも（今、スチルは使いづらく）、映画本は説得力を持ち得るんだ、と教わりし！（同書の表紙はチラシのコラージュなのだろうが、その内、チラシ使用にさえ規制がかかったり？）同書の各紹介作品の文末には小さく、観た映画館名などを記し、スクリーン主義者の面目を満都に示せり！（図書館からの借覧）。

伊藤彰彦「仁義なきヤクザ映画史〝１９１０―２０２３〟」（文藝春秋23年８月刊、２０１５円）は奥付や見返しに〝１９１０―２０１３〟の文字はない。まだ読了していないが、ヤクザ映画を越え、映画史の重厚さ！（図書館から借覧）。伊藤氏には旧著「映画の奈落　北陸代理戦争事件」（国書刊行会２０１４年）もおありだが、その伊藤彰彦氏と塚田泉編「映画監督放浪記」（２０２３年６月30日刊、４５００円）は関本郁夫監督の著書。「映画人（かつどうや）烈伝」（青心社１９８０年刊、２００２年改訂版）の増補版。名著は何度でも甦る、のですね。（恵贈を受けし！）ただ（余計なことながら）、書名変更（！）が、内容の〝主役〟を変えちゃいましたね。それに〝放浪〟は今時の風潮にもそぐわないような？定価も高〜ィような？　グチっぽい紹介になってあいすみませぬ。

中川右介「社長たちの映画史」（日本実業出版社２０２３年１月刊、２２００円）はマッ黒クロの表紙（エンギでもない?!）、サブタイトルに〝映画に賭けた経営者の攻防と興亡〟を謳い、ゴシップも織りまぜ、天晴れ！（図書館より借覧）

ついでながら、新刊にあらざれど、品川亮選・文「３６６日　映画の名言」（三才ブックス２０２０年２月15日刊、２２００円）をサラサラとページを繰りながら（図書館からの借覧）、ふと頭をよぎる疑念！〝名言〟とはつまり、セリフだが、〝監督自身が単独で脚本を書いている作品のみ「監督・脚本」というクレジットにしました〟と。〝名言〟は監督（のみ）の所産かいな？

脚本家への敬意が露骨に無さすぎない？

　さらに奥付は記す。「本書に掲載されている写真・記事などを無断掲載・無断転載することを固く禁じます。」

　写真など1点の掲載もないのに、どうやって〝無断掲載〟するってのさ！　既成のフォーマットをまんま、使ってるんでせうね（横着モノ！）

　「記事の無断掲載、転載」禁ずに至っては、各セリフの〝作者〟の許可は取った上でのこと？（ほとんど外国ぜよ！）　著者は外国語にタンノーなのだろうけれど、せめて、せめて！　字幕翻訳者のご尊名を記す責務がありはしない？　〝無断掲載〟はおマエさんがたでは？

　と、ここで、急転直下（！）、往時のワタクシごとを書き添えさせてもらうと、「キネマの哲学　日本映画の人生会話一〇一」（フィルムアート社１９９５年11月30日刊、２０００円）をご存知でせうね？　ご存知ない！（現世には夢もチボーもありませぬ！）ハッタリ書名なれど、映画中の知的に輝く〝名〟セリフを1冊にしたもの。書棚の奥から取り出してみれば、スチルのまぶしさに眼がつぶれそう！　映画本にスチルは不可欠だよね、などはともかく、刊行時、本文中に取り上げた映画のセリフの作者（つまり脚本家）のお一人から、激越な抗議を受け候！オレに無断で〝使用〟しやがって、と！ホントのことなんですから！　〝ハッタリ、ウラサキ〟ってもう本誌読者ご一同に広まってるかもしれませぬが、この激越抗議、ホントなんですよ！

　その脚本家のご尊名を記憶しておりませぬが、その時、セリフに〝著作者権利〟があるんだァと素朴に驚きつつ、すみません、スミマセンと平謝り！

　さて、さて……過日、全国紙朝刊一面下段に「『マカロニウエスタン』の魅力」（水上栄一、22世紀アート刊）の広告を見て、早速、わが家から2分（信号待ちを除く）の図書館にリクエスト。2日たって、電子書籍ゆえ購入不可、と。書籍といえば、カミ（神）と思い込んでるオイラ（たち）、これから〝書籍〟の運命いかに？　書店、取次は？　印刷製本屋は？　紙屋は？

　本棚屋（？）は？

　映画ファンは活字ファン、らしい？（この逆は？）と、唐突に言い出せしも、オノレの〝ジ・エンド〟も見えて来たことだし、と身の回りを片づけていたら、映画ファン手作りのファンジンなどありし日の映画誌紙が、ごっそり（！）出て来た！

　オイラ、かつて「観覧車」という、月刊情報誌を出しておりました。パリの「パリスコープ」だの、ロンドンのナントカ（誌名失念！）だのの大向うをはって！　おっと日本には、大阪のプガジャこと「プレイガイドジャーナル」誌や東京には「ぴあ」も。

　村元武「プレイガイドジャーナルへの道１９６８〜１９７３」（東方出版２０１６年刊、１６００円）を、時折、パラパラ繰ると、わが若かりし日の熱情も思われて来ようというもの。わが

「観覧車」は短命に終り、でもくじけず（!）「ムービーマガジン」を発刊！

それやこれやで、ファンジンなどが送られて（贈られて）来るようになった次第！

それらに私は落掌の礼状を出しただろうか？ 遅ればせながら（まことに！）、ここに各誌紙名を列記させていただくことで、謝意に代えさせていただけませぬか、と。以下、順不同、敬称なしにて列挙させて下さいませ。

一誌、一紙に、わが胸はときめく！


「ぴくちゃあ」（〝Nouvelle ぴくちゃあ〟と謡った号もあり）。3号（１９８２年3月20日発行／高梨岩登・編集、新沼千春・発行人）、4、5、8、8〈号数表記W、別号〉）9〜25号（１９７９・１・10発行／新沼千春・綾子＝編集発行人）が当方にあり。B5判、最大70頁余、平綴じ。（よく続きましたね！）／「シネマ情報」は、〝鑑賞の手びきと資料保存〟を謡ったチラシ集。B5判のチラシを中心に毎号40作品ほどを製本したもの。扉に以下の〝宣言〟が――。「一枚、一枚だと、誰しもチラシとして、余程の映画ファンでない限りには収集保存されないので」と。当方は飛び飛びながら11冊、76号（昭和62年5月10日発行）まである。発行人・吉野賢壱、限定２５０部と。（えッ！ ２５０部も！ スゴ〜い！）貴重過ぎまする。／「マイノリティ」2、4、5号が手もとに。発行人・寺田肇、編集・新堀文由。B5判型、平綴じ。映画批評本格誌の体裁。／「ＧＡＳ」5号（発行日不明。編集・発行は6号に同じ）。B4判を2ツ折にして6ページ、ホチキスどめ。6号（78年8月3日刊、発行・編集＝篠田礼・大森さわこ）。B4判を4枚内側に折って8ページに。表紙に〝THE COLLECTED INTERVIWS OF STARS!〟と。片岡義男、萩原朔美の〝返信〟も載っており。／「カフェ」第3号、〝映画評論季刊誌〟と誌名の上に刷り込めり。B5判、本文78ページの他に72年邦画・洋画のベストテンなどグラビア16ページ、チラシ3枚も綴じる。日活ロマン・ポルノ一周年記念特号を謡う。／「あい」創刊号（昭和49年11月25日発行／鈴村たけし・鵜飼邦彦＝編集。〝吉野あいを主演させる会＝発行）注・表紙には、吉野あいに〜となっており。／「名花」創刊号（昭和49年8月10日発行、鈴村たけし・編集人、芦明香研究会・発行、2号、3号も。A5判）／「おいてきぼり」創刊号（昭和48年9月15日発行、山口俊明・発行人、鈴村たけし・編集人、少年少女探偵団・発行所。A5判）／「加藤泰研究」手もとにあるのは第

3号（1973年12月15日発行、高野慎三・発行者、北冬書房・発行所、250円）／「Cinema Essay」11号（76・9月）。14〜18号（80・1・1）が手もとに。シネマ・エッセイの会＝編集・発行／「らいぞう」10号（昭和54年3月25日発行。編集・発行人＝石川篤代、発行所＝市川雷蔵を偲ぶ会）／「SCOPE」6号（発行日の記載なし。編集人・江崎武久、発行人・服部知行。非売品とあり）／「シネマどんどん」第2号（2003・6・30）。誌名はハングル語、英語、中国語と日本語の4通りを表紙に。明治学院大学文学部芸術学科　四方田研究室、日本映画史研究会（四方田犬彦代表）刊。A5判、52ページ。同研究会は6年目、と後記にあり。まだ続いてます？／「闇　日本映画史そして映像…」1号（80・7月）、2号（80・10月）、3号（80・12月）。筆者兼発行人・佐相勉。B5判、コピー、50円。表紙の文字が手書きです。／「COSMOPOLITAN」復刊1号（昭和48年1月1日発行）、編集・鈴村たけし、発行・老いたる若者の会。鈴村氏いろいろ手掛けていたのですね。エラ〜い。A5判、本文61ページ。同誌前身は昭和44年8月創刊、46年9月終刊、と巻頭に誌せり。／「映像研究」1号（70年5月16日発行。清水英雄・発行人、伏久田喬行・編集人、早稲田大学現代映像研究会・発行、200円）、A5判、46ページ／「映像研究2」（2は第2号の謂か、昭和46年12月1日発行）早稲田大学現代映像研究会・発行、B5判、26ページ、100円／「季刊・映画批評」1号（82年秋、工房鷲筆・編集発行、400円）／「剣鬼夜行・完全遅刻版」（チャンバラ映画祭記念冊子、78年4月15日刊、チャンバラ自由連合〈別称・ペキンパに吐夢を見せる会〉築道照地、野津聡＝編集・発行、300円、送料140円、B5判、26ページ）／「映画新聞」1号（79年7月1日発行、五十川智恵子・編集発行、100円、B5判、14ページ☆2号（79年11月1日発行、150円、16ページ）／同、130号〜150号がとびとびにあり。発行所住所が、神戸市から大阪に移っており、以前のそれと別かな？　紙型もB5からB4の2ツ折に！／「FB」4、6、19号が手もとに。A5判で、最大398ページ、1900円。第4号（95年1月20日刊）の編集同人に中島貞夫の名も。重厚誌。／「映画研究」77年夏、8号が手もとに。高瀬進・編集発行、A5判、30ページ／「映画雑徒」創刊号（77年4月20日刊）〜10号（終刊号、79年4月20日刊、500円）、野原藍・編集、白井佳夫・顧問。A5判。／「浪人街通信」2号（77・2・8刊）、3号（77・

4・30刊）、8号（発行日不明）、浪人街通信を発行する会（古林洋二）発行、B5判、60ページ＋B4の地図／「冥府通信」1号（77年6月15日刊）、2号（77年8月1日刊）、A5判（36ページ→20ページ）、定価ナシ（カンパ随意）、竹中労個人パンフレット／「PRIVATE・EYE」7号（75年5月5日刊）、生嶋猛・井上恵司＝編集・発行／「ZOOM-UP2」第2号（82年2月20日刊）、ズームアップ2発行委員局・編集・発行、塩田時敏・編集人、雑誌「ZOOM-UP」の後身、B4 2ツ折、4ページ、100円／「ぶてぃっくじゃあなる」7号、文芸坐しねぶてぃっく編集・発行、B4 2ツ折、4ページ／「京一にゅうす（ニュースも）」（81年3月20日、4月22日、7月15・16日刊）、B4 2ツ折、裏面ナシ、映画館も頑張るのです！／「白夜会議」1号（77年8月1日刊）～4号（も77年8月1日刊とあるのは、ナニかの間違いでせうね！）、B4判の特大サイズ、広島映画村・発行、白夜会議同人・編集、22～18ページ。250円／「シネマぱらだいす」第2号（昭和51年2月1日刊）、増刊号（昭和52年年2月1日刊）、A4判33ページ、300円／「季刊ぺえぱぁばっく」Vol.1、No.2（第1巻第2号の謂?）、A4サイズ、14ページ／「LOLO」1号（昭和53年7月1日発行）、杉村栄一・発行人、A5サイズ、38ページ／「季刊cinema」No.18（視音魔と表紙隅っこに。79年8月20日刊、年4回発行とあり）、映像集団〝CINEMA視音魔〟（代表・大塚文夫）発行、河野実・編集、B4、32ページ／「季刊映像」1号、昭和50年5月1日発行、日本映像学会・発行、南博・発行人、岡田晋・編集人、A5判、64ページ、500円／「AVジャーナル」82年7月号、文化通信社・発行、B5判、本文92ページ、1300円。文化通信社はこういうのを発行してたんだ！／「東映映画情報・無頼」4、5号。B5判を横向きに、横書きで。東映のプレスのような、でないような！／「麦座瓦版」7号（昭和55・8月24日刊）、8号（55・11月30日刊）。川岸忠秋・発行、吉田成己・編集、B5判10～8ページ／「FULL-HOUSE」8号（79年11月25日発行）、15号（80年7月1日発行）、小林洋志・編集発行人、B5判、48ページ／「M.G.（Movie Goers）PRESS」創刊号（83年2月20日）、高瀬慎吉：編集・発行、B5、96ページ、300円／「STREET CINÉMATHÈQUE」第1号、何年？ 現像社・刊、B5、18ページ／「HELLO! cinema」創刊号（昭和53年10月10日発行）、笹原敬生・編集、三村照雄・発行、B5判、40ペ

ージ／「THE Star Dust」3号（82年9月27日発行）、B5判、40ページ／「Cinema Vision」1号、ヤング・ズームアップ発行、都丸重人・責任編集、B5判、48ページ／「金丸君通信」2号（85年2月、B4判、二つ折6ページ、発行者・金丸弘美）、3号（85年4月、B4判、4ページ）／「盛岡活動倶楽部・おでって映画週報」39号（04年11月、B5判、12ページ）、ゼフィレッリ「永遠のマリア・カラス〜」の拙文にウットリ！（ホント！）／「映画資料通信」2号（昭和53年9月、プラネット映画資料図書館、大山進・発行人、安井喜雄・編集人）／「銀幕」（83年12月、A5判、20ページ、高瀬進・編集発行、銀幕舎・発行、350円）／「HOUIC」457号（B5判、96〜80ページ、450円）／「LES CINEPHILS」19号（昭和59年2月9日、B5判、30ページ、飯田賢司・編集、映画を見る会・発行）／「映画旬刊」第9号付録（A6判58ページ、雄鶏社・発行）、映画旬刊なんて、あったんだ！

と延々、ご紹介しながらエネルギーを貰い、寿命も延び申し候か！「映画論叢」よ、とこしえに！

（うらさき・ひろみ）

おばけなんてないさ
繋馬逃げた？

片山陽一

今年5月16日、明治座で市川猿之助奮闘歌舞伎公演を昼夜続けて観た。翌17日は休演日、18日朝に猿之助一家の救急搬送が報じられた。偶然にも最後の舞台を観たことになる。余計に成り行きが気になるものの、テレビや週刊誌の無責任な報道を追いかけても詮ないこと。澤瀉屋の最古参、93才の市川寿猿丈の仰る通り《猿之助若旦那の気持ちはご本人しか分かりません》（6月28日のツイート）。だから猿之助の件について書く気はなかった。けれども、なぜ誰もそれを言わないのか不思議なことがひとつある。

◇

コロナ禍を機に、澤瀉屋の若手や猿之助お気に入りの役者をフィーチャーした「猿之助と愉快な仲間たち」が始まり、今年3月には第3回公演『ナミダドロップス』が神田明神ホールで上演された。神田明神は延慶2年（1309年）より平将門命をご奉祀しており、それにちなんで将門の妹［娘］の七綾姫と安珍・清姫の話が絡む南北の絶筆『金幣猿島郡』のアレンジを猿之助が提案。ユーゴーの『ノートルダムのせむし男』と融合して藤倉梓が脚本を書き下ろし、市川青虎が演出した現代演劇である。猿之助は主役の鐘楼堂の堂守を演じ、松雪泰子、石橋正次・正高父子、元劇団四季の下村青（尊則）らが出演した。鐘楼堂が炎に包まれるラストは双面道成寺に基づくが、19年4月のノートルダム大聖堂の火災にもかかっているのだろう。

4月は新開場十周年の歌舞伎座で『新・陰陽師』（夢枕獏原作）の脚本・演出を担当し、蘆屋道満役で出演もした猿之助。将門（坂東巳之助）を死なせたのち鬼として蘇らせようと画策する役どころで、大詰で宙乗りをした。安倍晴明は中村隼人が演じた。3月17日、猿之助は『ナミダドロップス』の京都公演の折に晴明神社へ成功祈願に訪れ、神恩感謝と書いた絵馬を奉納している。南座で公演中だった尾上右近と中村鷹之資も同行したが、若手二人のスーツ姿に引き換え、猿之助は全身ダメージジーンズ姿なのが奇異に映った。当日のコメント映像を見ても、参拝に乗り気ではなさそうで、仏教に傾倒すると神社には参拝したくないものかと思ったほどである。

5月は創業百五十年周年を迎えた明治座での奮闘公演。44年ぶりに上演された昼の部の歌舞伎レビュー『不死鳥よ 波濤を越えて―平家物語異聞―』は、事件から中一日で19才の市川團子が猿之助の代役を勤めて話題をさらった。スーパー歌舞伎の先駆け的作品で堂々と主役を演った團子は立派だったけれども、問題は夜の部『御贔屓繋馬』にある。南北『四天王産湯玉川』などを組み合わせて先代の猿之助（猿翁）が初演した演目で、発端は将門の息子・相馬太郎良門を市原野の火葬場で蘇らせる場面。半焼けになって煙を吹きながら宙乗りする良門が猿之助だ。繋馬は将門の旗印。この序幕に女非人・熊手のお爪役で出た下村青は初日を無事に終えた後で《将門首塚へ御礼参り》とツイートしている。余談だが、明治座は東京大空襲の際、地下で大勢が蒸し焼きになったので、戦後は幽霊が出ると関係者の間では有名な話だ。さて公演中の5月11日、4年ぶりとなる神田祭が始まった。13日には明治座社長で氏子総代の三田芳裕氏が劇場前で献饌、14日は日本橋五地区連合の神輿が通って清洲橋通りは大賑わいだった。17日の神田明神での例大祭で祭は幕となるが、翌18日の朝が件の猿之助一家救急搬送である。だから第一報の衝撃のさなか咄嗟に浮かんだのは、立て続けに将門物を出したのがよくなかったのではないか、との想いであった。

◇

下村青が御礼参りした大手町の将門塚は、将門の首が京都より飛来した処で、外神田に遷座する前の神田明神はこの傍にあった。よく祟ることで知られ、関東大震災後の大蔵省仮庁舎建設時には大蔵大臣や工事関係者らが相次いで不審死を遂げた。また戦後に米軍が区画整理を試みるもブルドーザーが横転し運転手が死亡等々。かくして首塚は恐れられ、取り壊しや移転を免れてきたのだった。ただ改修は度々行われており、21年4月に第6次改修工事が終了。趣のない無機質な空間にデザインされたうえ、供物はお持ち帰りください、物品などの寄進はお控えくださ い、《残置物については、管理上、定期的にお下げしています》と保存会の看板が立てられた。お供物をお捧げできないだけでも納得しかねるが、残置物とは恐れ入る。ともあれ、信仰や畏怖の対象というより、史跡の扱いに近づいた感じが否めない。改修の翌年7月に安倍宗任の末裔といわれる（ということは安倍晴明の遠い遠い親戚といえなくもない）安倍元総理が暗殺されている。後世の作家は、ここに令和の『帝都物語』を視るかもしれない。

◇

猿之助の不可解な事件から4か月。9月13日には猿翁が鬼籍に入った。しかし私は将門の祟りを噂する声を聞いたことがない。「ムー」じみた幼稚な考えと憚られるのか、心底祟りを恐れてか、将門伝説自体を知らないのか、そのいずれかだろう。もちろんこれは刑事事件であって、将門の怨霊のせいにして片付く話ではない。けれども菅原道真ですら祟ったから天神様に祀られたのであり、それなくして『菅原伝授手習鑑』も存在し得ない。日本の芸能はその感受性なくしては存続できないのである。祟りの噂くらい流れても不思議ではない。もはや生活のなかで先祖や怨霊、目に見えないものに対して畏敬の念を抱く日本人の心性はほとんど失われてしまった。それは例えば、節分に家で豆まきはしないが、恵方巻を食べるようになったようなもので、畢竟、経済は伝統を呑み込む。だから、繰り返される歌舞伎滅亡論を私は信じない。歌舞伎という容れ物は女性や外国人を入れてでも生き残るだろう。先に消えるのは日本人のほうだ。

（かたやま・よういち）

ケニー・ダンカンのことなど
浅草夢譚

飯田一雄

雑音が幾重にも反響して上野駅構内に渦巻いている。常磐線のホームでは私は電車を待っている。暮れかかる秋の日、足元にすうっと冷たい風を感じる。早く帰らなければと気が急く。すると靴の辺りに淡い光が撫でてゆくのがわかる。ホームから望める浅草界隈に目を遣れば、その灯りの正体がわかる。背中を向けた国際劇場の巨大な建物の塔屋に設置されたサーチライトが下町一帯を間断なく照射しているのです。

浅草国際劇場。それは5000人収容と豪語される東洋一のレビュー専門劇場です。

上野駅常磐線ホームに電車を待つ群衆に浅草歓楽街の王城の国際劇場のサーチライトが正確な時を措いて、きらり、きらりと一撫でしてゆくのに気が付くとその辺一帯に沸き立つ光芒。耳を澄まして聞こえる筈がない。やくざなジャズの音色が伝わってくるのです。

そうだ。浅草は、その昔祖母に連れられてエノケンの芝居を見たっけ。既視感を辿って不意に思い込んでしまう懐旧談を拵えてしまうそんな昔に生きていた筈はないのに親しさが混濁してありもしない想像を体験したと思い込んでしまう。自分だけに大切にしていた記憶を練り込んだ幼児の楽園だった街、浅草。

そうなんだ。浅草は記憶すらごっちゃにさせる大きな鉄鍋で得体の知れない煮物のように湯気をあげているも

フランス座プログラム「バアレスク・ステイジ」第6号（昭和28年6月刊） 定価10円

のの、その中身はどうもインチキ臭く怪しげで、ついでに下品で猥雑なのだけれど、一旦この街に潜り込むと、ぬくぬくと身体全体が暖かくなり無性に他人と話し合いたくなり、くだけて言うと潔癖な人は、むしって手を付けないが鮭の切り身についた、かりかりする皮の裏側の甘みに驚嘆するような雑駁な発見が万華鏡の視界のように目まぐるしい刺激を常備している街なのです。

国際劇場。開演のベルがなって、場内が真っ暗になる。客席が緊張するんです。厳かな声が聞こえる。「東京踊りはァ…」いきなり大勢の女性の声が「ヨーイヤ。(悲鳴な叫び)サー」それを合図にするすると幕が開く。舞台一面にこぼれるほどのダンサーが埋め尽くす。快いリズム。目が眩むほどの照明が交差する。その瞬間に出会っただけで客席に感動が走り涙が吹き出す。わあっと目を見開けば、有りったけの飾り付け。電飾のまばゆい大階段の上の方から、えらくない人を筆頭に、だんだん幹部やスターさんが順番に笑顔をふりまき降りてくる。いちばん最後は男装の麗人、川路龍子にきまっている。大向こうから気持ちのいい掛け声。「川路!」。「小月ちゃん」。「春日」。小月冴子。春日宏美。それぞれのファンが負けてはいられない。

舞台は大がかりな城壁のなか、絢爛たる大広間に敵の武将が火を放つ。味方の手勢で応戦するうちに場内は火の海。劇場を揺する大スペクタクル。一瞬のうちに舞台はニューヨーク、モダンジャズに華麗なダンス。懐かしいパリの街角で恋人と抱き合って歌うシャンソン。そして、目玉は、なんと言っても総勢80人のラインダンス。「豪華絢爛」。「百花繚乱」。「千変万化」。

こうしちゃいられない。上野駅で電車を待つのなら、思いつくことは何もないけれど六区に行かなければ。どうせ、うちに帰って面白いことがある訳もない。そうなんだ。浅草がもっとも栄えていた時代。東京中の人々はみんな自分だけの故郷のような自宅に帰る気分で浅草に潜り込んでホッとしていたものでした。

浅草六区には歯医者さんがいません。八百屋も魚屋もありません。郵便局も幼稚園も無いのです。つまり、日常生活ができない街なのです。だから、しもた屋が一軒もありません。普段の日常生活には不向きです。そんな街に誰が住むんだ。

この街こそ日本に一つしかない娯楽の街でした。日本中から集まってくる老若男女のためのユートピアだったのです。

日本最古の映画館がありました。その隣には剣劇の芝居小屋です。道路を隔てて映画館がずらり並んでいました。映画館や実演劇場の隙間には食堂や屋台においしそうな匂いを振り撒いていました。

夜が明ければ気の早い客が六区の通りに現われます。寿司屋では深夜から飯を炊き家族揃って皿盛の寿司を量産します。同じ皿を積み重ねて行くから下のお稲荷さんや海苔巻きの上の皿の糸尻がついています。気の早い客はこんなところで腹拵えをして早朝割引の映画を目指して次の芝居小屋をハシゴする算段が出来ています。

そうか。浅草に急ごう。上野駅から足早に地下鉄に乗り込もう。田原町で下車。改札口を出て階段をあがる途中からおいしそうな匂いが迫ってくる。焼きそば屋が3軒並んでいて気を合わせたようにソースを浴びせたキャベツの香が風の強い日なんか地下鉄の改札口まで届いてくる。世界中の地下鉄の改札口でソース味のする駅はほかにあるだろうか。世界に詳しい作家の沢木耕太郎さんに聞いてみたい気がする。今は一軒しかないよ。ああそうですか。先を急ごう。

まっすぐ交番を右に折れればすしや横丁は四五軒先です。その先は華やかな六区興行街。古くから歩いている人なら経験しているとおり、映画館の看板を見て上原謙、高峰秀子、シミキン。誰でも逢うことが出来る。川田晴久、長谷川一夫、明石潮、ガマグチの高屋朗、小津安二郎。六区の映画館の看板は楽しい。ジプシーローズ、浅草待子。その辺はまたの機会に。

思い起せば、大勝館の純白な建物の屋上のもっと上に高く広がる碧い空。

三社祭の済んだ翌日の六区に射す日照りの閑散とした味気なさ。

木馬間の回転木馬とちいさなスピーカーから流れる遠い昔の童謡。

瓢箪池のむこう岸の甘栗太郎の真っ赤なネオン看板。

そうしてはいられない。すしや横丁の近くにある食堂「はせがわ」で腹拵えをしよう。スープのうまいラーメンがあるんだ。こどもの頃からここの支那そばは、おつゆがうまいと盲信してきた店だ。この店の壁がすごい。主人が書いたはり紙です。『無駄遣いをするな』『注文したものを残すな』『親に孝行しろ』

松竹座のならびに大福専門の店がありました。十二ヵ月といって大きな朱塗の盤台に寿司屋の湯呑みほどの大きな大福餅が十二個ならんでいます。全部食べたら只。挑戦して十二個、平らげた人の表彰状が貼ってあります。大体の人は六、七個で苦悶の顔してギブアップ、普通の大福の三倍もの料金を払って退散です。六区のセキネという食堂の前にいつも乞食が道路の真ん中に座っています。ちいさい車のついた板のうえに正座して首に挨拶のボール紙の看板を下げています。

「足の不自由なものです。お助けください」アルミの弁当箱に小銭が何個か。それがですよ。いきなりの夕立に、座っていた板を抱えて一目散に姿を消すんです。

日本館

ターザンというルンペンがいました。早朝から竹ほうきで六区を掃いています。ふんどし一つで全身裸です。雨の日も掃いている姿がおかしい。

前述の浅草一の大劇場、国際劇場でも気になったことがあります。

劇団歌『さくら咲く國』。

♪さくら咲く國　さくら　さくら　花は西から東から
ここも散りしく　アスファルト…（なんでアスファルトなんですかね。）

昭和二十六年。私は一人で国際劇場に入りました。中学三年生の頃です。アメリカから西部の王者、ケニー・ダンカンが来日し、国際劇場に登場するからです。

大きなスクリーンに悪魔のごときインディアンの襲来です。颯爽たるケニー・ダンカンが指揮する騎兵隊が勇ましく戦い、インディアンを駆逐すると映画がおわり、スクリーンの中から本物のケニー・ダンカンが拳銃片手に登場します。国際の広い舞台でケニーは曲撃ちで助手が手にしているリンゴをこなごなに撃ち砕きます。私はその妙技にドキドキしながら感動しました。

その後、時を置かずにケニー・ダンカンは大映映画に出演します。本物を見た私は映画館でさらに興奮しました。映画は時代劇で題名は忘れました。上田吉二郎が悪親分です。江戸の町で良民を苦しめている悪漢のヤクザものを懲らしめる西部からきた正義の使者ケニー・ダンカンと悪親分との一対一の決闘がクライマックス。悪親分は蹲踞の姿勢になり「ジャパニーズピストル」とチョンマゲに隠したピストルを発射するところを正義の味方、ダンカンの素早いガンさばきで親分のチョンマゲに隠されたピストルを撃破。突如として頭髪がザンバラになり、上田吉二郎が大袈裟に怒り狂うのだ。

あとになってケニー・ダンカンなるものはアメリカの不良興行師による偽物であると判明し噂話は泡のように消えてしまいました。でも…ケニー・ダンカンは私のひそかなヒーローです。恥ずかしいけれど。西部劇のB級の大スター、ランドルフ・スコットに似たイモっぽい表情のケニー・ダンカン。いまどこでどんな暮らしをしているのでしょうか。

私は浅草で月給をもらって働きはじめたのが昭和三十四年の春のことです。

六区はまさに夕暮に近い様相を呈していました。しかし、モンビ（日曜、休日）は最盛期のような賑わいがありました。私の働いた劇場は松竹演芸場といって居場所は地下にある小部屋で一日中舞台のモニターの音が聞こえる密室でした。

流行歌手の歌謡ショー、ものまね、漫才、落語家の漫談、ボーイズという歌謡漫談、それに何組かの軽演劇。

私の役目は文芸部という仕事で、先生の口述をガリ切りで写し台本を作ったり、公演中は暗転のキッカケを照明部に伝えたり、小道具を揃えたり、ソデで煙草を吸いながら出番を待つ主役にお茶を持って行くとか、先輩の命令で競馬の馬券を買いに行くとか、先生の彼女宅に月々のお金を届けたり、役者にくるファンレターの返事を代筆したりしました。毎日ジャズの音色を耳にしました。三味線の曲弾きを受けとめました。先生のツケで上カツ丼を食べました。それが私の日常生活でした。振り返れば私の青春でした。当然、恋もありました。目を瞑っていると六区の映画館が浮かんできます。

		座席数
国際劇場	四階	４８７７
浅草宝塚劇場	一階	１８２７
浅草地下劇場		１０７４
木馬映画劇場	一階	２５０
浅草日本館	三階	７４２

浅草ロキシー	三階	９８２
東京クラブ	三階	７１０
浅草電気館	三階	１８３０
浅草松竹映画劇場	三階	１７６２
浅草松竹座	三階	１３４７
アンコール劇場	二階	７５０
浅草日活	四階	１５４２
千代田館	三階	６４２
大勝館	四階	１３６３
大勝地下		３０３
浅草映画劇場	三階	７２３
浅草名画座	地下	３０９
浅草新劇場	三階	７２４
浅草世界館	地下	７７
花月劇場	四階	７７８
浅草東映劇場	四階	１８００
浅草東映パラス	地下	９００

【１９５８年・昭和33年　キネマ旬報社編集「日本映画館録」】より

日本一映画館が集積していた浅草公園六区から映画館が一軒残らず消滅したのはなぜでしょうか。六区は思い出だけの街になってしまいました。

　その真ん中、大勝館の前で過去を振り返ります。

　いきなり大勝館の前の往来にゴロリと寝転がったコメディアンのパン猪狩。振り返って、いち、にぃ、さん。三人の弟子が同じように転がっているのに四人目がうろうろしてやがる。「ヤイ、なんで起きているんだ。師匠が転んだら一緒に転ぶのが当たり前。てめえは破門だ」目の前の交番のお巡りが呆れてものが言えなくなったと、ささやかな伝説がある。たくさんの芸能人が往来した公園六区。エノケン、ロッパからシミキン、キドシンの時代があって「あきれたぼーいず」の川田義雄が躍り出る。さまざまな人気者が往来した六区の興行街。

　いつの日か人気者に伸し上がった清水金一ことシミキンも夕暮の悲哀が訪れる。ある日、懐かしさのあまりひっそりと浅草に足を向けた。昔遊んだキャバレーがなんと残っていた。ドアを開けて中に入るところを見つけた支配人が感激して抱きついた。シミキンは急に浅草の情を感じて心が沸き立った。支配人はマイクを握って「浅草の人気者、清水金一先生が当店においでになりました」と紹介です。スポットライトが清水金一に浴びせられます。満席のボックスの客に手を振って上機嫌です。支配人は清水をステージに揚げ、十八番のヒットソング「浅草の唄」を是非とすすめました。お客の一人二人が好意的な掛け声を飛ばして雰囲気も上々です。足取りも軽くステージにあがったシミキンも満面の笑み。ここで調子良くバンドの演奏が始まるところでしたがイントロが出ません。呆気にとられたシミキンが振り向いて音を出すように急かします。支配人があわてました。演奏する誰も「浅草の唄」を知らなかったのです。立ち尽くした清水金一は我に返りました。硬直した気まずい間が出来ました。マイクをにぎりしめ唄だけでもと唄いはじめて声が出ません。引きつってその場に座り込んでしまいました。いきなり敗残を感じて涙が吹き上がっていました。喜劇役者の悲哀を客の前で露呈した辛さに耐えられない侘しさが残りました。

話を瓢箪池に移します。この池は観音さま再建の費用に充てられ七階建ての私有地の商業ビルに変わりました。それぞれフロアでお土産物の店がならび、屋上にプラネタリウムを設置しました。しかし、浅草の客にプラネタリウムは合わないようでいつも不入りでした。六区の映画館の封切り落ちの映画は料金も格安でしたが、浅草新世界の屋上のプラネタリウムは30円均一で六区でいちばん安価な入場料を掲げました。

私が入場したときは六、七人の客の数でした。天井が楽に見られるように椅子がハンモックのように出来ていました。かぼそい声で天体の星座の眠そうなアナウンスを聞いていると、自然に目蓋が閉じてしまいます。アンドロメダやカシオペア。急にねむくなって、寝てしまおうというとき入口の方から騒がしい声が聞こえてきます。

たった今、皇居の清掃団の仕事を無事終えた熊本県の有志の団体です。いきなり真っ暗な場所に追い込まれたご婦人たちはくすくす笑い合っているようでした。先達が念願の皇居の清掃を果たして次のスケジュールの浅草で見物をするのに格安の場所を考慮したものです。暗い中でそれぞれ不安定な椅子に寝ながら天井を見つめる意外な展開に落ち着いていられない様子がわかります。なかにハンモックのような椅子が体に合わせられずコテンと尻餅をついたとたんブウ！　いきなりのことで四五人の人が一斉に吹き出してしまいました。わたしも呆れて声を上げて笑ってしまいました。星を眺めて腹を抱えて

木馬館〝安来節さよなら公演〟の模様

大笑いしたことは、あとにも先にもありません。

六区のいちばん北にあたる浅草座は60人ほどのストリップ劇場です。劇場の前の壁面に四つの双眼鏡が埋め込まれています。小さな看板が目につきます。「この中は楽屋です」誰だって気になるじゃありませんか。楽屋では踊り子さんたちが着替えをしていたり寝そべって休んでいたり。人目を憚って双眼鏡に目をあてますと……。踊り子の写真が貼ってありました。

もっと北側は草茫々の空き地でした。そこに出来たのが浅草東映です。その空き地に見せ物の仮小屋が出来ていました。見せ物小屋の正面におどろおどろしい絵看板が掲げられています。大蛇に首を絞められて絶叫している若い娘。老婆が刃物を振りかざして追い掛ける姿。蛇を両手でつかんでむしゃむしゃ齧っている裸の娘。

さまざまです。入り口で弁舌も闊達な若い衆。通行中の人々に呼びかけています。

「ホラホラホラ、次の支度が出来たようです。これからが始まり。さあ、こんな気の毒な女の正体をこの目で確かめてちょうだい。十八といったら娘盛り。気の毒にもヨメにはいけません。なんと足の指が三本しかありません。その可哀想な姿を見てやってください。その恥ずかしい姿をこの目で確かめてください。いまですと映画でお馴染み、大スターの鶴田浩二先生が中でご覧になっております。鶴田、鶴田浩二と一緒にご覧ください。お代は見てのお帰りに頂きます。ホラ、はじまるよぅ。」

客席が暗くなりました。怪しげな音楽がかかります。スポットライトが探すように動き回り、一羽のニワトリをとらえます。確かに一羽の雌鶏がよたよた歩いています。ニワトリだから足の指は三本です。

中に入ったお客がいきなり入り口で呼び込みをしている兄ちゃんに文句を言っています。「おい！　嘘つき。鶴田浩二なんかいないいじゃないか。」

お兄さんは平然として「お客さん。あなたがお入りになったとき、鶴田先生は自宅にお帰りになりました」

アラエッサッサーで御馴染の安来節は木馬館の二階で漫然と続けられていました。一階は映画観で裕次郎の旧作二本立てなんかやっていました。ところが客足が薄く、あっさりやめてしまいました。

そこで登場したのが関西ストリップ「木馬ミュ～ジック」です。客席の真ん中を潰して「でべそ」というエプロンステージにして、どこでもカブリつきを売り物にしました。さあ、その舞台です。

騙し取られた不幸な娘を助けんと、ある旅人が悪親分の開く賭場に出掛ける。そこで八百長だと因縁をつけられた旅人は、子分総出で丸裸にされてしまう。一糸まとわぬ姿になると、なんと旅人は男装の美女。全裸のまま悪党全員（といっても四人ですが）と乱闘した彼女は全員を成敗して、幕になります。

その旅人姿のまま絽の着物を羽織って登場する彼女。舞台の隅の客性の前にしゃがんで股を広げ客に話し掛けています。二人、三人と陰部を広げて私の前に来ました。Aの女は美しい顔をしていました。笑顔で私と目が合いました。着物を手繰って股を広げました。彼女は手に握ったロッテクールミントガムの包装紙をむいてガムの先端を銜えます。白く細かい歯です。そのまま私の顔に向けてガムを近付けます。私はすっかり戸惑って、どうしたらと迷うばかり。彼女はさらに私の顔に近付いてきます。自然に口を開けてアーンしました。呆然とした私を残して彼女は次の客に移動します。圧倒される強い刺激に愕然としました。

目の前に残された匂いに幻惑されました。それは鬢の鬢つけ油や化粧水、広げた下半身から立ち上る体温、それらのすべての香気にめまいがしました。その香気こそ浅草公園六区の街に親しみを感じるやさしい匂いでした。

（いいだ・かずお）

映画論叢のバックナンバー

●品切れ　1号／2号／4号／8号／11号
●在庫僅少　7号／14号／16号

【29号】B・クリステンスン研究／中田康子インタビュー／談志追悼
【30号】小森白インタビュー／B・ラ・マール伝／仏家庭映画小史
【31号】伊沢一郎・日活の青春／翻訳映画人・東健而／『殺人美学』再評価
【32号】70ミリ映画女優・上月左知子／土屋嘉男インタビュー／改題縮尺版
【33号】小笠原弘インタビュー／松竹キネマ撮影所／東宝レコード
【34号】阿部寿美子自伝／ラッセル・ラウズ監督再評価／福宝堂完全リスト
【35号】鬼才W・グローマン／アルモドバル本の誤訳／佐々木勝彦語る
【36号】ルーペ・ベレス／東映東京の〝血と骨〟／動物モノの巨匠A・ルービン
【37号】マイ・ゼッタリング／A・ド・トス／ブルーバード映画とロイス・ウェバー
【38号】西村潔〝お蔵入り〟の真相／J・ガーフィールド／『警視庁物語』
【39号】レムリ一族の興亡／原一民のみた黒澤明／ウェンデル・コリー
【40号】映画監督・三船敏郎／ディック・パウエル／和製ターザン樺山龍之介
【41号】河合映画・由利健次／『ファンタジア』／アードマン・アニメ
【42号】『どろろ』映画化／近藤経一／W・ベンディックス／全勝映画大調査
【43号】中川信夫の教育映画／東宝ビデオレンタル黎明期／A・ケネディ
【44号】小倉一郎、村井博のみた加藤泰／東独映画／フォード一家名簿
【45号】大船スタア園井啓介／ジョン・ギャヴィン／新東宝・大貫正義
【46号】『自動車泥棒』・和田嘉訓／歸山教正周辺／ビスタ・サイズの誤解
【47号】大映・小野川公三郎／ヘンリー・コスター／J・ウェインと仲間
【48号】ジョン・ファロー／『ジョアンナ』研究／森下雨村の映画／堺勝朗
【49号】田口勝彦による東映東京／ロリー・カルホーン／スコープ・サイズ
【50号】『二十歳の恋』田村奈巳／『2001年』半世紀／J・チャンドラー
【51号】三上真一郎追悼／『サロメ』女優／ビデオとワイド画面／岸田森
【52号】製作者・奥田喜久丸／カーレースと映画／『一寸法師』映画化
【53号】画家としてのスタア／J・スタージェス／テレビの画面サイズ
【54号】オーディ・マーフィ／オクラ入り『殺人狂時代』／ミスタンゲット
【55号】ジミー・ウォング／デジタル時代の画面サイズ／L・ノーラン
【56号】岡本喜八未映画化作／旗本退屈男研究／浅香光代ストリップ剣劇
【57号】満映の岩崎昶／フィルムIMAX史／楯の會と三島映画
【58号】ハワード・ダフ／歌うスター高田浩吉／ルイス・ギルバート
【59号】保篠龍緒『妖怪無電』／日活歌謡映画／フォードと軍人／森卓也
【60号】東宝俳優・西條康彦／新劇とTV洋画／リバイバルの真実

【61号】映画研究者・畑暉男追悼　川本三郎・猪股徳樹・田口史人・佐藤洋／シネラマの興亡—継ぎ目のない新方式へ　内山一樹／作曲家・渡辺宙明追悼　谷輔次／関本郁夫の未映画化作品『六連発愚連隊』完結編　谷川景一郎／「総集編」とは何か　最上敏信／水木洋子、心霊の世界に挑戦　奥薗守／邪論！　正論！　はた快楽　浦崎浩實

【62号】お嬢さん東宝を探険・古池みかインタビュー　小関太一／シネラマの興亡・強湾曲スクリーン　内山一樹／『釣天井の佝僂男』研究　二階堂卓也／東映監督・小平裕インタビュー　鈴木義昭／ストリップの終焉　飯田一雄／百歳俳優・河合絃司　五野上力／「再映」研究・完結篇　最上敏信／水木洋子のXYZ・最終回　奥薗守

【63号】シルバー仮面—佐藤静夫監督インタビュー　小関太一／謎の活動弁士・森鷗光　藤元直樹／大映の蛇女優・毛利郁子　二階堂卓也／小平裕—東制労闘争の仲間たち　鈴木義昭／フォード『太陽は光り輝く』再評価　猪股徳樹　東舎利樹／ピンクスター山本昌平　最上敏信／シネマニアの桟敷席　谷川景一郎

●映画論叢バックナンバーのうち、No.3～No.18まで（各号840円。送料樹花舎負担）のご注文は樹花舎へ。メールあるいはファクスでご注文ください。ファクス：03-6315-7084　メール：kinohana@nifty.com
No.19以降は国書刊行会へ。一部1000円＋税。

マッカラーズ「心は孤独な狩人」の見事な映画化『愛すれど心さびしく』をめぐって

内山一樹

１９６０年代の末、中学生の頃から映画ファンとして積極的に映画を見始めて、自分は今まで数千本の映画を見て来たと思うのだが、最近は雑事で忙しい中、無理して見に行った映画でも、大抵は中身をすぐに忘れてしまう（最悪の場合、途中で寝てしまう）。ラピュタ阿佐ヶ谷やシネマヴェーラ渋谷で上映してくれる50年代や60年代の日本のプログラム・ピクチャー、シネマヴェーラ渋谷でブルーレイで上映してくれる40年代ハリウッドのプログラム・ピクチャーなどは題名もありふれていて、初めてと思って見ている途中で「あっ、この映画、前に見たわ」と気づいたことも1度や2度ではない。中学の頃は、見て面白かった映画は1回見ただけで、トップシーンからラストシーンまで、特に印象的なシーンは、構図、色彩、演技、台詞、効果音、音楽、カメラワーク、カット割りまではっきりと覚えていたものだが…。まあ、老いたということですな。

今回は、最近（２０２０年）、原作小説「心は孤独な狩人」が村上春樹の新訳で出たので思い出した、私的映画記憶の基礎層にある映画の1本、『愛すれど心さびしく』について語ってみたい。

●作品の概要

まずこの映画の基本データから。

『愛すれど心さびしく』１９６８年　アメリカ映画／

ワーナー・ブラザース＋セブン・アーツ作品／原題 The Heart Is A Lonely Hunter（心は孤独な狩人）／ワイドスクリーン（1・85×1）／カラー（テクニカラー）／モノラル／123分／アメリカ公開1968年7月31日／日本公開1969年4月29日（配給ワーナー＝東京ロードショーの劇場は丸の内松竹）

【スタッフ】監督ロバート・エリス・ミラー／製作トーマス・C・ライアン、マーク・マーソン／原作カーソン・マッカラーズ「心は孤独な狩人」／脚本トーマス・C・ライアン／撮影ジェームズ・ウォン・ハウ／音楽デヴィッド・グルーシン／製作総指揮ジョエル・フリーマン

【キャスト】アラン・アーキン（ジョン・シンガー）／ソンドラ・ロック（ミック・ケリー）／チャック・マッカン（アントナプロス）／ピーター・ママコス（アントナプロスの従兄で保護者スパーモンデス）／ジョン・オリーリー（元の町の民生委員ボーディン）／ビフ・マッガイア（ミックの父）／ロリンダ・バレット（ミックの母）／ジャッキー・マーロウ（ミックの弟ババー）／ロビー・バーンズ（ミックの一番下の弟ラルフ）／シェリー・ヴァイス（ミックの同級生ドロレス）／ウェイン・スミス（ドロレスの兄ハリー）／リチャード・フィンガー（ババーの友だちサッカー）／ギャヴィン・ポーリン（ババーの友だちスペアリブズ）／パーシー・ロドリゲス（黒人の医師コープランド）／シシリー・タイソン（コープランドの娘ポーシャ）／ジョニー・ポップウェル（ポーシャの夫ウィリー）／ホレイス・オーツ・Jr.（聾啞の黒人の患者）／ステイシー・キーチ・Jr.（流れ者ブラント）／フバート・ハーパー（カフェの店主ブラノン）／ドン・スワフォード（精神病院の医師ゴードン）／アンナ・リー・キャロル（精神病院受付の看護婦ブラッドフォード）／ロナルド・A・ライナー（裁判所受付の保安官補アイヴォー）

【梗概（結末に触れてます）】1960年代半ばのアメリカ南部の町。知的障害のある太ったギリシャ人の男アントナプロスと中肉中背の静かな男シンガーは無二の親友で一緒に暮らしていた。2人は耳が聞こえず口のきけない聾啞者同士で手話で会話していたが、シンガーの方は「私は聾啞者です。読唇術ができます」というカードを持ち歩いていた。アントナプロスは従兄の果実店で働き、シンガーは宝飾店で銀器の彫刻師として働いていた。しかし夜中に徘徊して商店のショーウィンドウを壊すなどのトラブルを度々起こすアントナプロスに手を焼いた保護者の従兄は、彼を遠くの精神病院に入れてしまう。

保護者をシンガーに変更するにしても時間がかかるので民生委員はシンガーに病院の近くの町（ジェファーソン）に引っ越すことを勧める。その町には民生委員の親戚の宝石店があり就職先も世話できると言うのだ。シンガーは長距離バスに乗ってその町にやって来る（約12分を経たここで町に到着するバスをバックにメインタイトル）。シンガーは新聞広告で見つけたケリー家に下宿する。ケリー家は40歳くらいの両親と高校生の娘ミック、小学生の弟ババーとまだ幼児の末の弟ラルフの5人家族だった。ミックの父は時計職人だったが腰を痛めて車椅子生活を

劇場プログラム

余儀なくされ失業中だった（下宿人募集の理由）。ミックは音楽が好きで、裕福なクラスメイト、ドロレスの家の前で彼女の弾くピアノを聞く（モーツァルトのピアノソナタ16番ハ長調の第3楽章「ロンド」）。夜のカフェで客のシンガーに絡む酔っ払いの流れ者ブラントは、主人のブラノンに叩きだされる。食事を済ませたシンガーが表に出ると、駐車場の壁に何度も体当たりして手が血だらけになったブラントが倒れている。医師の鞄を持った黒人の紳士が野次馬から離れて行くのを見たシンガーは追いかけて、治療を頼む。自分は黒人専用の医師だと断った医師コープランドはシンガーが聾唖者だと知るとブラントの応急処置をする。コープランドは帰宅する。同居する娘のポーシャは3年前、父の望まぬ男ウィリーと結婚していて、父娘の仲は悪い。翌朝、シンガーは、自室に一晩泊めてやったブラントが礼を言って去った後、コープランドを訪ねる。治療費を払おうとするシンガーを断ったコープランドは、代わりに聾唖の患者の手話通訳を頼む。夜、町で開かれたオーケストラのコンサートを建物外の非常階段で聞くミックを見たシンガーは看板の曲目をメモする（モーツァルトの交響曲41番ハ長調「ジュピター」）。翌日、ミックが学校から帰ると、シンガーがレ

コード・プレーヤーで昨夜の曲のレコードをかけている。ミックはシンガーの部屋で音楽を聞く。シンガーを訪ねて来たブラントは遊園地で仕事が見つかったと言う。病院にアントナプロスを見舞ったシンガーは彼が腎臓障害で病棟にいることを知る。2人は再会し、アントナプロスは土産の菓子に喜ぶ。夜、帰宅したシンガーに、彼の部屋でレコードを聞いていたミックは音楽を言葉で説明する。シンガーに往診先の聾唖の患者の手話通訳をしてもらった帰りの車中、コープランドは、医者にしたかった娘がメイドであることをシンガーに嘆く。夜、ブラントが働く遊園地でシンガーとミックは観覧車やメリーゴーラウンドで遊んでいる。そこにはポーシャとウィリーの夫婦も来ていたが、メリーゴーラウンドでよろけた白人夫婦の妻を支えたウィリーを誤解した夫が彼に詰め寄る。ブラントが仲裁するが、夫に加勢した白人の若者も加わって、乱闘になり、若者の出したナイフを奪ったウィリーは若者を刺してしまう。寝ていたコープランドのところへ駆け込んで来たポーシャは、白人の若者を刺して30針の傷を負わせたウィリーが留置所に拘留されていると言い、父さんもその場にいたことにして正当防衛だったと証言してほしいと頼むが、コープランドは偽証はできないと断る。ケリー家ではミックが企画して資金も提供したパーティーの準備をする。ブラントは、自分の証言にも拘わらず、先に手を出した白人が無罪放免で、黒人のウィリーが重労働6か月になるこんな町は出て行くとシンガーに告げて町を去る。コープランドを訪ねたシンガーは、彼が肺癌であることを知るが、コープランドは口外しないようシンガーに頼む。夜、ミックがクラスメイトたちを招いたパーティーが開かれる。ミックはドロレスから紹介された彼女の兄ハリーと踊る。ミックが費用を出したパーティーの食べ物を食べてはいけないと母から言われたババーは、皆の気を逸らせて食べ物を奪おうと、2人の悪友と花火に点火する。騒ぎの中、ババー達が逃げた後、クラスメイト達は、残された花火に火を点けてはしゃぎまわる。怒ったミックはパーティーの終了を宣言する。翌日、シンガーに慰められたミックは、ババーと一緒にシンガーに連れられて公園に行く。そこで再会したハリーは昨夜のことをミックに詫び、デートに誘う。その夜、映画を見た2人は雨に降られ、雑貨店の軒先で雨宿りする。ミックはアルバイト募集の張り紙を見て、金を貯めてピアノを買いたいと言う。コープランドが帰宅すると酔ったポーシャがいて、刑務所を脱走しようとして捕まったウィリーが小さな鉄鎖につながれたせいで片脚を切断したと話す。シンガーは医師の許可を得て、アントナプロスと外出する。戻る時間になっても言うことを聞かないアントナプロスにシンガーは激怒する。ミックは雑貨店で働き始める。夜、送って来たハリーと玄関前でキスしたミックは両親に呼ばれ、父の腰は一生治らず、ミックも定時制の高校に移らなければならないと言われる。ミックは2階に行き、シンガーにすがりついて泣く。出所したウィリーを見舞いに来たシンガーを、ウィリーが髪を切っている理髪店に案内したポーシャは、そこにいた父コープランドを激しく非難する。いたたまれず店を出たコープランドを追って来たシンガーにコープランドは、娘のために抗議に行くと言い、裁判所に判事を訪ねるが、受付ではただ待つように言われる。２人だけで川遊びをしていたミックとハリーは岸で抱き合いキスをする。ポーシャとウィリーのところへ血相を変えたシンガーがやって来て、コープランドが肺癌であることを教える。川辺。服を着た後、ハリーは謝るがミックは自分が望んだことだと答える。退庁時間まで裁判所で待たされたコープランドは判事はとっくに帰ったと言われる。建物から出て来たコープランドをシンガーに連れられたポーシャが迎え、父娘は固く抱き合う。川から帰って来たミックにシンガーは1人にしてと彼プレゼントを渡そうとするが、ミックはレコードのを拒絶する。夜、手話で独り言を言いながら町をさまようシンガー。病院を訪ねたシンガーはアントナプロスが死んだことを知る。彼の墓の前で茫然とするシンガー。夜、シンガーは自室で拳銃で胸を撃ち自殺する。銃声を聞いて部屋に駆け込んだミックは悲鳴をあげる。墓地。喪服のミックがシンガーの墓に花を供えにやって来る。先に来ていたコープランドはミックと少し話した後、去る。ミックは墓の下のシンガーにあなたを愛してました（I loved you）と語りかける（ミックからズームバックした墓地の俯瞰ロングショットをバックに配役クレジット）。

●作品の評価

この映画を私は１９７０年1月24日（土）に今はなき地元の映画館・国立スカラ座（１９８６年閉館）で高校の同級生４人と一緒に学校の帰りに見た。２本立ての併映はダーク・サンダース監督のフランス映画『雨あがりの天使』（68）。見た順は『雨あがりの天使』が先で『愛すれど心さびしく』が後だった。

『雨あがりの天使』は、パリへ行った夫の写真家を追ってリヨンから10歳の娘をつれてパリに来た女性がファッション・モデルとして成功するという話を新鮮な映像とジャック・ルーシェのキャッチーな音楽で描いた映画で、当時の私の恥ずかし映画ノートには「全編予告編という感じ」とある。

『雨あがりの天使』を冗漫と感じた私は、聾唖の青年を中心に貧困や人種差別に苦しみながら生きる登場人物を1人1人丁寧に描いた『愛すれど心さびしく』は、途中までそれなりに評価して見ていたが（偉そうな高校生だな）、衝撃的な結末に打ちのめされた。ノートでも「非常にイイ」「名作」「胸を打たれる」と絶賛している。

早速、秋元書房から出ていたカーソン・マッカラーズの原作「愛すれど心さびしく」を購入した。映画評論家の山本恭子の訳で青少年向け小説の出版社、秋元書房の海外小説叢書「ハイスクール・シリーズ」の1冊として69年4月に出たソフトカバーの本だ。これが166ページしかない抄訳で（ペンギン文庫版の原書では本文306ページ）、映画のノベライズと言うべきしろものだった。何より表紙カバーのイラストが生理的に気持ち悪く忌まわしく、そんなことをしたのはこの本だけだが、取り外したカバーをハサミでずたずたに切り刻んで捨てた。

原作のちゃんとした訳本「心は孤独な狩人」は河野一郎の訳で72年4月に新潮文庫で出た（翻訳の歴史については後述するが、これが初の完訳という訳ではない）。これは文庫ながら457ページあった。この時には『愛すれど心さびしく』の熱が少し冷めていたのか、読んだ当時の感想はよく覚えていない。しかし英語英文学科に進んだ大学では、アメリカ文学の、原書で読むことが課題の夏休みのレポートで、同じマッカラーズの小説「結婚式のメンバー」The Member of the Weddingを選んだのはこの映画を見たからだ。私が初めて読み通した英語の本「結婚式のメンバー」は「心は孤独な狩人」の半分以下のページ数で、英語もフォークナーやメルヴィルに比べれば難しくなかった。

原作小説とその作者については後で語るとして、映画『愛すれど心さびしく』の評価を確認しておこう。

本国アメリカで68年7月に公開されたこの映画は68年度のアメリカの映画賞では以下の部門でノミネートされた。

アカデミー賞＝最優秀主演男優賞（アーキン）、最優秀助演女優賞（ロック）、ゴールデン・グローブ賞＝最優秀ドラマ作品賞、最優秀ドラマ映画主演男優賞（アーキン）、最優秀ドラマ助演賞（ロック）、新人賞（ロック）、全米映画批評家協会賞＝最優秀主演男優賞（アーキン）、全米脚本家組合賞＝最優秀ドラマ脚本賞（ライアン）。

いずれも受賞には至らず、受賞したのはニューヨーク映画批評家協会賞の最優秀主演男優賞（アーキン）とローレル賞の最優秀撮影賞（ウォン・ハウ）ぐらいである（ローレル賞は雑誌「モーション・ピクチャー・エグジビター」Motion Picture Exibitorが、1948年から72年まで全米の映画買い付け業者の投票で選出していた賞で、この年にはアーキンも主演男優賞にノミネートされ、ロックも助演女優賞2位、新人女優賞8位にランクされている）。

ノミネート止まりとは言え、アーキンとロックの演技が高く評価され、作品自体も高評価だったことは間違いない。

心動かす演技としてアーキンとロックの他にアントナプロスを演じたチャック・マッカンの演技も評価している「レオナルド・マルティンの映画ガイド」Leonard Maltin's Movie Guide（2009年版）は、マッカラーズの小説の「誠実な脚色」Sincere adaptationとしてこの作品に秀作に相当する★★★を与えている（★★★★から★½の下のBOMBまで7段階評価）。

69年4月に公開された日本でも試写の段階から評判がよかったようで4月15日の毎日新聞（夕刊）には「現代人の孤独な心をじっくりと描いたアメリカ映画『愛すれど心さびしく』が近く公開される」として次のように紹介されている。

みんな善意を持った人間ばかりだ。ただ自分の問題を解決するのに一生懸命で、他人の心のなかまでのぞくひまがないのだ。そんなわずかなくいちがいが、ごくさりげなく淡々と描かれてゆく。ロバート・エリス・ミラー監督はテレビ出身だけあって、新鮮な映像感覚をみせている。／アーキンをはじめろうあの親友チャック・マカン、黒人医師のパーシー・ロドリゲスらも好演しているが、とくに初出演のロックのみずみずしさが注目される。十八歳だそうだが、思春期の少女役が実によく出ている。

公開後、4月30日の朝日新聞（夕刊）では「身障の青年中心にアメリカの貧しい庶民の生活がしっとりとした調子で描かれている」と紹介した後、結末に関して次のように述べている（結末に触れているので公開後になったのだろう）。

　自分の背負った苦しみを越えて、まわりの人びとの幸福を祈る気高い青年は、もはや神というべき存在。その彼が友人の死を悲しんで自殺する結末がちょっと理解しがたい。彼にはまだたくさんの仕事があるような気がする。

1969年4月28日の「朝日新聞」（夕刊）の広告

「はあ?」である。作品を全然理解していないではないか。末尾に「純」と署名がある。数々の頓珍漢批評で知られる朝日新聞の有名映画記者・井沢淳（「純」は新聞での筆名）だ。当時はこういう人でも試写室でふんぞりかえっていられたのか。

5月発売のキネマ旬報に掲載された荻昌弘の批評は、「純」と違い、映画の意図をちゃんと理解して高く評価している。

　これは重要なアメリカ映画であると思う。いま日本で受けている評価の平均よりずっと重大な—最近公開されたアメリカ映画中、最も注目を要する一本、立派に作られた秀作であると思う。この映画が、そのへんにうじゃうじゃある、かいなでの、身体障害者ヒューマニズム映画と誤解され（あるいは売られ）ている実状は、歯がゆく、腹立たしい。この映画には、線の細い理想主義が、ものの見方を概念化した弱さもたしかにあるが、決して愛すれど心さびしく、などといったばかげてセンチな世界をうたっているのではない。(…) 最もみんなから「明るく温かく心を開いてもらえた」と感謝をうけた誠実な青年が、じつは最大に救いを必要とした空虚な氷原の住人であった、というこの痛烈な敗北は、それだけで作の意図を語りつくしている。身障者に愛の手を、などと映画は言っているのではない。君が真剣なら銃声は君の心に血を流すはずだ、と映画は言っている。

(荻昌弘「愛すれど心さびしく」評・キネマ旬報1969年6月上旬=第497号)

本作を絶賛の荻昌弘だが、パゾリーニの『アポロンの地獄』がベストワンに選ばれた69年度のキネマ旬報・外国映画ベストテンの投票で彼が本作に投じた票は1点(10位)である(この年の彼の外国映画ベストテンは『アポロンの地獄』『できごと』『ifもしも…』『中国女』『レーチェル・レーチェル』『真夜中のカーボーイ』『ジプシーの唄をきいた』『ローズマリーの赤ちゃん』『フィクサー』『愛すれど心さびしく』)。

他にこのベストテンでこの映画に票を投じた選考委員は以下の7人。

磯山浩(6点=5位)、大黒東洋士(9点=2位)、佐藤忠男(7点=4位)、日野康一(9点=2位)、平井耀章(2点=9位)、深沢哲也(1点=10位)、南俊子(4点=7位)。

これに荻昌弘を加えて8人が投票。評論家55人に読者男女を2人として57人の選考委員によって選ばれたこのベストテンで『愛すれど心さびしく』は39点を集めて第19位だった。

他に「ぼくの採点表II 1960年代」(双葉十三郎／1988年)で双葉十三郎は「ロバート・エリス・ミラーがとてもしっとりとしたタッチで演出。コメディが得意なアーキンが胸に迫る好演。／オスカー主演賞に外れたのは心さびしいデス」と評して☆☆☆★★を進呈している(☆☆☆から☆☆★★まで7段階評価。☆☆☆★★は「見ておいていい作品」)。

興行面だが、興行的にはこの作品は成功したとは言えない。

製作費100万ドルに対し、北米の興収が110万ドル。劇場の取り分や宣伝費を引いたらこの興収では全然足りない。ワールドワイドでは赤字になっていないだろうが、ワーナーの中では興行的には不発作品とされていると思う。ワーナーのライブラリーの中で冷遇されているのも、キャストが弱い上に興行的な失敗が理由と思われる。

日本では、女性映画、恋愛映画として宣伝されたが、これもうまく行かなかったようだ。「いま初恋の人は去り、ひとり激しくむせび泣く青春の日の思い出」という宣伝コピーに当時の映画ノートの私は激しく憤っている。ただ現在の私は、『愛すれど心さびしく』という邦題は悪くないと思っている（公開の数か月前の仮題は「心はさびしい狩人」）。

この映画の日本での興行成績は明確ではないが、キネマ旬報によると69年ゴールデンウィークの都内3日間の動員が『ジョアンナ』（4月26日公開）が10081人、『愛すれど心さびしく』（4月29日公開）が6841人となっている。『ジョアンナ』の配収が2322万円であることから計算すると『愛すれど心さびしく』の配収は約1600万円である（この年の日本の洋画配収トップは『ブリット』の4億4020万円）。日本でもこの作品の興行は成功とは言えなかったようだ。

『愛すれど心さびしく』は、主演2人を始めとする出演者の演技と共に作品自体の評価も高かったが、興行的には失敗した作品と言えるだろう。

●原作者マッカラーズ

カーソン・マッカラーズ Carson McCullers は1917年9月18日、アメリカの南東部、ジョージア州コロンバスで、中産階級のスミス家の長女ルーラ・カーソン・スミス Lula Carson Smith として生まれた（後に弟と妹が生まれる）。フランス系の父は宝石商で時計職人でもあった。母の祖父は南部の農園主だった。10歳の時にピアノを習い始め、15歳の時に、父からタイプライターを贈られて、ものを書くことを勧められた。高校卒業後、17歳の時に音楽を学ぶためニューヨークに出るが、音楽学校の入学金を紛失したため入学をあきらめ、ウェイトレスなど様々な仕事をして暮らす。リウマチ熱のため一旦帰郷した後、目標を文学に定めて再度、ニューヨークに行き、コロンビア大学の夜間部とニューヨーク大学ワシントン・スクエア・カレッジで苦学しながら創作を学んだ。1936年、19歳の時、自伝的な短編「神童」Wunderkind が雑誌「ストーリー」に掲載されてデビュー（この短編は後の短編集「悲しき酒場の唄」に収録）。37年9月、20歳になった2日後、同じ作家志望で4歳年上のリーヴス・マッカラーズ Reeves McCullers と結婚。

38年にはセオドア・ドライサー等、何人もの有名作家のエージェントとして知られるマキシム・リーバーと契約し、40年、最初の長編「心は孤独な狩人」を出版。23歳の女性が書いた完成度の高い小説としてセンセーションを呼び、ベストセラーになった。

41年に「黄金の眼に映るもの」Reflections in a Golden Eye、46年に「結婚式のメンバー」The Member of the Weddingを出版。「結婚式のメンバー」は自らの戯曲化（51年に出版）により50年にブロードウェイの舞台で上演され、51年まで続演（501公演）、52年には舞台とほぼ同じキャストでフレッド・ジンネマン監督により映画化もされた。南部を舞台に貧困や黒人差別の中で苦しむ孤独な人々を共感を込めて描く彼女の小説は「南部ゴシック」Southern Gothicと呼ばれ、アメリカ文学の最良の成果の一つとして高く評価されている。

若くしてニューヨークの有名人となった彼女だったが私生活は恵まれていなかった。同性愛者同士だった夫とは41年に離婚。それぞれ別の愛人と出会い別れた後、45年に再び同じ相手と再婚。しかし妻はアルコール依存と鬱病に悩み、作家として妻に圧倒されていた夫の方は、心中を断られた後、53年11月、当時、夫婦が暮らしていたパリのホテルで睡眠薬自殺をしてしまう。彼女の健康面も生涯思わしくなく、10代のリウマチ熱に起因する心臓発作に度々苦しめられた末、マッカラーズは67年9月29日、母と妹と暮らしていたニューヨーク州ナイアックの自宅で、脳出血のため、50歳の若さで世を去った。

他の作品は51年「悲しき酒場の唄」The Ballad of the Sad Café（短編集）、58年「ワンダフルの平方根・三幕劇」The Square Root of Wonderful, A Play in Three Acts（戯曲）、61年「針のない時計」Clock without Hands、64年「ピクルスのように甘く、豚のように清潔」Sweet as a Pickle and Clean as a Pig（詩集）がある。最後の数か月に口述筆記していた未完の自叙伝「イルミネーションと夜のまばゆさ」Illumination and Night Glareは没後33年の99年に出版された。また10代の頃の未発表の短編や詩、エッセイ等を妹が編集した「抵当に入った心」The Mortgaged Heartも72年に出版されている（小説は全て翻訳あり）。

マッカラーズ作品の映画化は『結婚式のメンバー』と『愛すれど心さびしく』の他、「黄金の眼に映るもの」をジョン・ヒューストン監督がマーロン・ブランドとエリザベス・テイラーの主演で映画化した『禁じられた情事の森』Reflections in a Golden Eye（67）と、「悲しき酒場の唄」（のエドワード・アルビーによる63年の戯曲版）をヴァネッサ・レッドグレーヴ、キース・キャラダイン、ロッド・スタイガーの出演でサイモン・キャロウが監督したイギリス映画『悲しき酒場のバラード』The Ballad of the Sad Café（91）がある。『禁じられた情事の森』の音楽はヒューストンの70ミリ大作『天地創造』（66）に続いて黛敏郎が担当している。

他に「結婚式のメンバー」が2本のTVムービーに、短編が10本以上、TVムービーやドラマになっている（91年の「女と男2」Women & Men 2は「男が女を愛する時」の題名で日本でもビデオ発売されている。3話中の第2話「家庭の事情」Domestic Dillenma の原作が「悲しき酒場の唄」に収録の同名短編）。

「結婚式のメンバー」は、南部の田舎町で、黒人の女料理人ベレニスと隣家の6歳の従弟ジョン・ヘンリーの2人が毎日の話し相手の12歳の少女フランキーが、兄の結婚で疎外感を感じていると言った内容だが、『真昼の決闘』（52）に続くジンネマン監督のこの映画は、舞台と同様、フランキーをジュリー・ハリス（当時27歳）、ジョン・ヘンリーをブランドン・デ・ワイルド（当時10歳）、ベレニスをエセル・ウォーターズが演じている。ジュリー・ハリスはこれが映画デビューでこの後『エデンの東』（55）でジェームズ・ディーンの相手役に抜擢される（『禁じられた情事の森』にも大きな役で出ている）。同じくこれが映画デビューのブランドン・デ・ワイルドは翌年『シェーン』（53）のジョーイ少年役があまりにも有名だ。歌手で舞台女優が本業のエセル・ウォーターズは、映画でも、『ピンキー』（49／日本未公開）でアカデミー賞助演女優賞にノミネートされていた名歌手であり名女優だった。しかし『結婚式のメンバー』は日本では劇場公開されず、存在を知った大学生の頃からいつか見たいと思っていた。この願いは、21年12月から22年1月まで「Strangers in Hollywood 1」と題した特集の1番組として、シネマヴェーラ渋谷で字幕付きブルーレイ（著作権保護期間は終了している）で上映されたのを1月5日に見て、叶えることが出来た。ジンネマンらしくかっちりと作られたモノクローム、スタンダード、93分のこの映画は、南部の暑さの中で暮らす少女の焦燥を見事に描いた秀作だった。

『結婚式のメンバー』はマッカラーズ本人も見ている

はずだが、死後24年に製作の『悲しき酒場のバラード』と死後に完成した『愛すれど心さびしく』は当然として、『禁じられた情事の森』も恐らくマッカラーズは見ていない。マッカラーズの命日は9月29日だが、『禁じられた情事の森』のプレミアはその12日後の10月11日。映画が完成していたとしても、DVDやブルーレイのない時代、病弱のマッカラーズが試写に行くことは出来なかっただろう（9月18日にアラバマ州セルマで撮影を開始していた『愛すれど心さびしく』は、彼女が亡くなった時、撮影11日目だった）。

映画とマッカラーズについてもう一つ余談を加えると、ジョシュア・ローガン監督、ウィリアム・ホールデン、キム・ノヴァク主演の名作『ピクニック』(55) がある（撮影は『愛すれど心さびしく』と同じジェームズ・ウォン・ハウ）。メソッド演技の指導者リー・ストラスバーグの娘、当時17歳のスーザン・ストラスバーグが演じるミリー（キム・ノヴァク演じるマッジの妹）は、「心は孤独な狩人」のミックや「結婚式のメンバー」のフランキーのように半ズボンで走り回る男の子のような女の子（トムボーイ）だ。そのミリーが煙草を吸いながら読む本が、表紙をよく見ると51年に出たマッカラーズの新刊「悲しき酒場の唄」なのだ。これは、当時のマッカラーズの知名度を踏まえた、ミリーは彼女の小説から借りたキャラクターですよという監督から観客への目くばせだろう。

●小説と映画の相違

執筆中は「唖者 The Mute」とされていたマッカラーズの最初の長編小説は、編集者の助言で「心は孤独な狩人」という題名になった。これはスコットランドの作家ウィリアム・シャープ William Sharp（１８５５～１９０５）がフィオナ・マクラウド Fiona Maclead の別名で発表した詩「孤独な狩人」The Lonely Hunter（１９０１年出版の詩集「哀歌と追憶詩、夢の丘から」From the Hills of Dream, Therenodies Songs and Later Poems に収録）の一節、「Deep in the heart of Summer, sweet is life to me still, But my heart is a lonely hunter that hunts on a lonely hill,（真夏の盛り、私には生きる歓び、だが私の心は孤独な狩人、孤独な丘で狩りをする）」から採られている。

１９３９年に書き上げられた「心は孤独な狩人」は、１９４０年６月４日にボストンのホートン・ミフリン Houghton Mifflin 社から出版された。たちまち大評判になったことは既に述べたが、最初の日本語訳はなんとその年の暮れに出ている。

１９４０年12月28日に四季書房から出版された「話しかける彼等」がそれで訳者は中川のぶ（著者名は「カアスン・マックカラーズ」と表記されている）。この人は本名を中川暢子と言い、画家・中川一政の妻で津田英学塾（戦後の津田塾大学）で英語を学んだとのことである（s_numabe のブログ「私たちは20世紀に生まれた」２０１５年11月5日の記事による）。中川一政の妻の中川暢子ということは、九男三女をもうけたクリスチャンの建築家・伊藤為吉の次女で、有名人ばかりの兄弟の中でも3歳上の五男の兄が舞台美術家の伊藤熹朔、2歳下の六男の弟が俳優の千田是也という女性だ（さらに言えばこの人の孫は若くして亡くなった女優の中川安奈である）。真珠湾攻撃の1年前、原著出版から半年（翻訳期間は2か月）で邦訳を出してしまう当時の日本の翻訳本出版界には驚かされる。

筆者所有「心は孤独な狩人」のペンギン文庫版（イギリス）表紙。挟まれていたレシートによると1976年7月3日に御茶の水の丸善で750円で購入している

戦後は１９５８年、荒地出版社の「現代アメリカ文学全集・第5」に、4作品の一つとして江口裕子訳「心は孤独な猟人」が収録された（他の3作品はドロシー・キャンフィールド作、坂入香子訳「深まり行く流れ」The Deeping Stream、キャサリン・アン・ポーターの2作、菊池豊子訳「花咲くユダの樹」Flowering Juda と「マリア・コンセプシオン」María Concepción）。

マッカラーズの死後、１９６８年の荒地出版社「現代アメリカ文学選集・第9巻」も江口訳を収録したほぼ同じ内容である（「マリア・コンセプシオン」の代わりにジェームズ・G・カズンズ作、高橋正雄訳「サン・ペドロ号の遭難」S. S. San Pedro を収録）。

この後、１９６９年に、映画公開に合わせた先述の山本恭子訳による秋元書房版「愛すれど心さびしく」があり、72年に河野一郎訳の新潮文庫版「心は孤独な狩人」があって、２０２０年8月に、ノーベル賞候補の小説家・村上春樹による新訳「心は孤独な狩人」が新潮社から出た、という流れである（ソフトカバーの村上春樹の新訳は

23年9月に新潮文庫になる)。

映画『愛すれど心さびしく』は小説「心は孤独な狩人」の忠実な映画化ではない。映画は小説をどう脚色したのか。

まず時代設定が小説と映画では異なる。

原作は1929年のニューヨークの株価暴落から始まった大恐慌時代の末期の頃の話である。第1章でアントナプロスが精神病院に送られるのが1937年(小説のラストから逆算)、本筋はその数か月後、1938年の春頃から39年8月21日までの約1年半に及ぶ物語だ(最後の日付が特定できるのは3部構成の最後、第3部の冒頭に書かれているからで、4章から成る第3部はその日の朝、午後、夕方、夜となっている)。映画の方は何年か特定は出来ないが、撮影された1967年と同じ60年代中頃である(バスや車の型やレコード・プレーヤーとLPレコード等でその頃と確定出来る)。こちらの方はその年の春頃から秋までの半年ほどの物語である。

時代を現代にした一番の理由は製作費だろう。製作時から30年前の過去の街並みや通りの車、室内の備品、人々の服装等を正確な時代考証で再現するには多額の費用がかかるが、大作ではないこの映画ではそれは出来なかったと思われる。

村上春樹訳の新潮版は2段組で本文383ページ、400字詰め原稿用紙で900枚になる分量である。これは2時間程度の映画にするには長すぎるので映画はまず人物を整理している。

小説ではシンガーの他に、彼と浅からぬ関係を築く4人の人物が主要人物としてその行動と言動を描かれる。ミックと黒人の医師コープランドと飲んだくれの流れ者ジェイク・ブラント、そしてカフェの店主ビフ・ブラノンだ。マルクス主義を信奉するコープランドは黒人たちを啓蒙しようとする。ブラントも社会に不満を持って職場である遊園地の同僚からは陰で「アカ」と呼ばれる。ミックへの小児愛の性向を抱えるブラノンは妻アリスとの描写もあり、アリスの妹ルシールとその娘(姪)ベイビーも登場する。映画ではミックとコープランドは残されているが、ブラントは途中で退場させられる。ブラノンは残っていても単なる親切な店主でしかなく、妻も義理の妹も姪も出て来ない。

ケリー家も縮小され、ミックの上にいた兄ビルと2人の姉へイゼルとエッタはいないことになった。10代後半の兄と姉がいなくなったので13歳(途中で14歳になる)

のミックは映画では16歳に年齢が上げられた。2人の弟ババーとラルフは、映画でも変わらないが、ババーは小説ではもっと重要な役を演じる。

映画ではケリー家は1部屋をシンガーに貸すだけだが、小説のケリー家が住むのは一家も含めて14人が暮らす3階建ての大きな下宿屋で、建物の賃料を払うケリー家は管理人的立場らしい（ケリー家は8人なので下宿人は6人という計算になる）。

コープランドの娘ポーシャは、小説ではこの下宿屋の料理人で、夫はウィリーではなく、映画には出て来ないハイボーイという名のムラート（白人と黒人のハーフ）である。ウィリーはポーシャの弟で、ブラノンのカフェのキッチンで働いている。ウィリーが刑務所に送られるのは白人との乱闘ではなく黒人同士の喧嘩で相手を剃刀で切ったからだ。

ミックの初体験の相手ハリーはクラスメイトの兄ではなく（ミックの裕福なクラスメイト、ドロレスは小説には出て来ない）、ミックより2歳上の隣家のユダヤ人の少年で、彼は台頭しつつあるファシズムとナチスを激しく批判する。

短縮のためなので当然だが、登場人物を減らした映画は物語も異なって来る。

シンガーとアントナプロスの2人の物語はほぼそのままだが、アントナプロスが従兄（小説ではチャールズ・パーカーというアメリカ名を名乗っている）によって200マイル離れた精神病院に送られた後、シンガーが引っ越すのは病院の近くの町ではなく、同じ町の中心部から離れた場所にあるケリー家の下宿屋だ（引っ越し手続きの具体的な描写はない）。

原作は登場人物の日常的な生活と心の動きを丁寧に語って行き、第2部最後のシンガーの自殺以外、それほど大きな事件はおきない。2番目に大きな事件は、弾の入っているライフル銃をもてあそんでいたババーが誤ってベイビーの頭を撃ってしまうことだが、映画にはベイビーが出て来ないのでこの事件はない。

長大な原作にある全てのエピソードの忠実な映像化は、6時間のテレビのミニ・シリーズなら可能かも知れない。しかし前述したようにこの小説は波乱に満ちた物語を語っている訳ではないので、退屈なものになる恐れがある。

2時間程度を目指したこの映画では、原作から選抜し、関係も一部変更した登場人物たち、それに新たに補った人物（ドロレスなど）によって創作した新たなエピソード（遊園地の乱闘など）を加え、原作を再構築している。それは成功していると思う。シンガーやミックの気持ちの動き、コープランドとポーシャ父娘の愛憎といった原作の重要な要素はそのまま移植されているからだ。優れた脚色と言うべきだろう。

●映画のスタッフと出演者

脚本の他、製作にも名を連ねていて、この映画のスタッフの中では、作者としてのパーセンテージが最も高いトーマス・C・ライアン Thomas C. Ryan（１９２４〜86）については、残念ながら詳しいことはわからない。ただ本作の前にオットー・プレミンジャー監督の『夕陽よ急げ』（67）で、K・B・ギルマンの65年の小説を、『アラバマ物語』（62）でアカデミー賞脚色賞を受賞している脚本家ホートン・フートと共同で脚色している。これも土地売買と黒人差別を扱った社会性の強い題材だった。

監督のロバート・エリス・ミラー Robert Ellis Miller（１９２７〜２０１７）は50年代からＴＶシリーズの演出家として活躍、「ベン・ケーシー」（61〜62）や「ルート66」（63）等のエピソードを手掛けた。ジェーン・フォンダ主演のコメディ『水曜ならいいわ』（66）で映画にも進出、12本ほどの監督作があるが日本公開作は少ない。70年代半ば以降、映画と並行してＴＶムービーも監督した。『愛すれど…』の次作、従兄妹同士の４人の男女の青春を描くイギリス映画『きんぽうげ』（70）は、カンヌ国際映画祭でパルムドール賞を『Ｍ★Ａ★Ｓ★Ｈマッシュ』（70）と競ったが敗れた。

撮影のジェームズ・ウォン・ハウ James Wong How（１８９９〜１９７６）はサイレント時代から映画を撮影しているハリウッドの伝説的名カメラマン。中国、広東省に生まれ（中国名・黄宗霑）、５歳の時、家族と共に先に渡った父を追ってアメリカのワシントン州に移住。10代でロサンゼルスに行き、映画業界で仕事を得た。『バラの刺青』（55）と『ハッド』（63）でアカデミー賞撮影賞受賞。この２本は白黒だが、カラーの『老人と海』（58）と『ファニーレディ』（75）でも同賞にノミネートされている。

本作ではデヴィッド・グルーシン David Grusin とクレジットされている音楽のデイヴ・グルーシン Dave Grusin（１９３４〜）は、コロラド大学で音楽を学び、卒業後、ジャズ・ピアニスト、バンド・リーダーとして活躍、67年からテレビや映画の音楽を手掛けるようになった作曲家。『ミラグロ／奇跡の地』（88）でアカデミー賞作曲賞受賞。『卒業』(67)、『恋のゆくえ／ファビュラス・ベイカー・ボーイズ』（89）等でグラミー賞を10回受賞している。『ザ・ヤクザ』（74）で出会ったシドニー・ポラック監督とは名コンビで、『ランダム・ハーツ』（99）まで9本の音楽を担当している。

脚本のライアンと共同でクレジットされている製作のマーク・マーソンMark Merson（1931〜2013）もエリス・ミラー監督と同様、テレビ界の人だが、映画では他に『ドク・ハリウッド』（91）で製作総指揮を務めている。また息子2人の出演でアラン・アーキンが監督し、アカデミー賞短編賞にノミネートされた12分の短編『ピープル・スープPeople Soup』（69）もこの人のプロデュースだ。

製作総指揮のジョエル・フリーマンJoel Freeman（1922〜2018）は20歳でハリウッドの映画界に入って助監督として多くの作品につき、50年代末から製作も手掛けるようになったプロデューサー。本作以後は『黒いジャガー』（71）を製作している。

主役シンガーを演じるアラン・アーキンAran Arkin（1934〜2023）は、ニューヨーク出身（11歳で家族と共にロサンゼルスに移る）。10歳の時から演技を学ぶが、大学卒業後、フォーク・グループの歌手として活動した後、60年代にはコメディ劇団に入り、ブロードウェイにも進出、トニー賞を受賞して喜劇俳優として認められた。本格的に映画デビューしたコメディ『アメリカ上陸作戦』（66）でアカデミー賞主演男優賞にノミネート、盲目のオードリー・ヘプバーンの命を狙う恐ろしい殺人者を演じた『暗くなるまで待って』（67）を経て、本作『愛すれど心さびしく』（68）で再びアカデミー賞主演男優賞にノミネートされた時にはハリウッドの新たな名優としての地位が確立されていた。その後も映画、テレビで活躍するが80年代以降の映画は日本未公開作が多い。日本でも公開された2006年の『リトル・ミス・サンシャイン』の助演男優賞で念願のアカデミー賞を受賞。また短編やTVシリーズも含めて9本の監督作がある（本年23年6月に89歳で死去）。

ミック役のソンドラ・ロックSondra Locke（1944〜2018）は本作でデビューした女優。62年に大学を中退後、ナッシュビルの放送局で働きながら、劇団に入り舞台に立っていたが、67年7月、ミック役オーディションに年齢を17歳と偽って応募し、2千人の中から選ばれた（実年齢は89年に親族の証言で明らかになった）。デビュー作でアカデミー賞助演女優賞にノミネートされた後、ヒット作『ウィラード』（71）に出演。75年に出演した『アウトロー』（76）の撮影中に主演・監督のクリント・イーストウッドと交際を始める。関係は89年まで続き、その間、『ダーティハリー4』（83）まで6本のイーストウッド作品に出演した。破局後、ロックは慰謝料を求めてイーストウッドを提訴した（ロックは67年9月、『愛すれど…』撮影中に高校の同級生と結婚していたのでイーストウッドと法的には結婚していない）。『ラットボーイ』（86／ビデオのみ）を始めTVムービー1本を含む4本の監督作がある（乳癌と骨肉腫のため74歳で死去）。

シンガーの聾唖の親友アントナプロスを演じるチャック・マッカンChuck McCann（1934〜2018）は11歳の時からラジオに出演していたコメディアン。50年代からナイトクラブやテレビのバラエティで、漫談や物まねを披露、アニメの声優でも活躍し、80過ぎまで現役だった。映画出演は少ないが、本作の他、『サイレント・ムービー』（76）、『ファール・プレイ』（78）、『レスリー・ニールセンのドラキュラ』（95）等に出演している。

コープランド医師役のパーシー・ロドリゲスPercy Rodrigues（1918〜2007）は、50年代末にニューヨークに来て、80年代までアメリカの舞台、テレビ、映画で活躍したカナダ人の俳優。60年代70年代のアメリカ映画、テレビ・ドラマで本作のコープランドのように、知的で倫理観の高い黒人の役を多く演じた。渋い声も特徴で映画の予告編やTVスポット、ドキュメンタリーのナレーションでも重用された。日本で公開された出演映画は少ないが、60年代に『シャイアン砦』（66）と『甘い暴走』（68）がある。

コープランドの娘ポーシャを演じるシシリー・タイソンCicely Tyson（1924〜2021）は、強く積極的な黒人女性を演じて数々の賞を受賞、黒人の地位向上に貢献した女優。ニューヨークのブロンクスに生まれハーレムに育つ。50年代に雑誌編集者に見出されてファッション・モデルになり、オフブロードウェイの舞台にも立つようになるが、60年代からは小さな役でテレビや映画に出始める。本作の後の『サウンダー』（72）でアカデミー賞主演女優賞にノミネート、TVムービー「ジェーン・ピットマン／ある黒人の生涯」（74）でエミー賞を受賞して名声を確立させた。

流れ者ブラントのステイシー・キーチ Stacy Keach（1941〜）はジョージア州出身。カリフォルニア大学とイェール大学を経て留学、ロンドン音楽演劇芸術アカデミーで演技を学ぶ。帰国後、66年からオフブロードウェイ、ブロードウェイの舞台に立つ。68年の本作で映画デビュー（この時は名前の最後に「Jr.」が付いていた）。以後、『ドク・ホリデイ』（71）、『ロング・ライダーズ』（80）、『エスケープ・フロム・L A』（96）等に出演。T Vシリーズ「探偵マイク・ハマー」（84〜87）もよく知られている。

『愛すれど心さびしく』のDVDアメリカ盤。日本盤のジャケットも同じデザイン

他にミックの父と母を演じたビフ・マッガイア Biff McGuire（1926〜2021）とロリンダ・バレット Laurinda Barrett（1931〜2021）、ポーシャの夫ウィリーのジョニー・ポップウェル Johnny Popwell（1937〜）、カフェの主人ブラノンのフバート・ハーパー Hubert Harper（生年不明）はいずれもアメリカの映画・テレビ界を支える当時の中堅俳優たちでどの俳優も堅実な演技を見せてくれている。

ミックの弟ババーとその友達、一番下の弟ラルフを演じた子役達の詳細は不明である。その後、成長して別名で俳優になっている子がいるかも知れない。

ミックのクラスメイト、ドロレスのシェリー・ヴァイス Sherri Vise とその兄でミックの初体験の相手となるハリーを演じたウェイン・スミス Wayne Smith のこともわからない。ただスミスの生年はわかっている。49年生まれの彼はロックより1歳年上と思われていたのだが、ロックが年齢を詐称していたので実は彼女の方が彼より5歳年上だった。

最後に、配役クレジットで「本人（as himself）」と書かれているホレイス・オーツ・Jr. Horace Oates Jr. だが、彼が演じているのはシンガーがコープランドに手話通訳をする聾唖の黒人青年の患者で、俳優ではない実際の聾唖者と思われる。

×　　×　　×

本稿執筆のため、久しぶりにＤＶＤで『愛すれど心さびしく』を見た。２０２０年にアマゾンの通販で1６０２円（1２５２円+配送料３５０円）で購入したリージョンフリーのアメリカ盤だ。その時、廃盤になっていた日本盤は21年に復刻盤（税込２２００円）が出たがすぐにそれも絶版になった。今、アマゾンのサイトを見てみると、日本盤は中古品が1万９７８０円から、アメリカ盤も３００８円から、となっている。一部の人が熱烈に欲しがるレアな作品と言うことだ。

アラン・アーキンやチャック・マッカンの自然な演技、パーシー・ロドリゲスやシシリー・タイソンの熱のこもった演技、そしてソンドラ・ロックの初々しさ。クラスメイトのドロレスも美人でないところがいい。ババーとその友達の悪ガキ達も面白い。夜の玄関ポーチのミックからクレーンで上昇して2階のシンガーを窓の外から捉えたり、川辺のミックとハリーを遠くから木の葉越しに捉えるウォン・ハウの、静かに見守るようなカメラ。デイヴ・グルーシンの軽やかな音楽は明るさの中にも奥に悲しさを感じさせる。『愛すれど心さびしく』は改めて良作だなと確認した。

映画『愛すれど心さびしく』を作った人たちも、役を演じた人たちも、半世紀以上を経て、大部分はもうこの世にいない。この映画を新作として見て感銘を受けた人もどんどん減って行く。それは当たり前のことで、全ての映画や小説はそうなるのだ。

しかし偉大な原作小説は初版から80年経っても、本国から遠く離れた島国で新訳が出版されている。映画『愛すれど心さびしく』も、レアな作品としてＤＶＤの値段が高額になっていても、原作小説と同じように、人々に愛され、見続けられて行ってほしいと思う。

※本稿の主な情報源は、ウェブサイト Internet Movie Database（IMDb）、英語版 Wikipedia の他、Carson McCullers"*The Heart Is A Lonely Hunter*"Penguin Books 1961, Reprinted 1976、カーソン・マッカラーズ著／村上春樹訳「心は孤独な狩人」新潮社、２０２０年、DVD"*The Heart Is A Lonely Hunter*"Warner Home Video, 2012 等です。

（うちやま・かずき）

太泉映画を逍遥す

ゆきゆきて『花の進軍』

長谷川康志

24年2月にシネマヴェーラ渋谷で筆者が所有する16ミリプリント『花の進軍』（51年・東映東京）を上映することになった。前身の太泉映画から音楽場面を中心に構成したハイライト集である本作は、元となる映画の大半が失われており、また上映するプリントも欠落のある不完全版である。映画として愉しめるものの、一見して詳細を摑むことは難しい。そこで限られた紙幅ではあるが、『花の進軍』に登場する太泉映画を順を追って紹介・解説し、もってその歴史を概観してみたい。

（1）スタジオの変遷

まず前提として場所と略史を確認しておこう。東京市板橋区東大泉町に新興キネマ大泉撮影所が新築されたのは35年3月。42年の戦時統合で大映東京第一撮影所となるものの、43年8月、大泉航空機器製作所の工場に転用される。45年5月爆撃で東側ステージを焼失。戦後、荒廃した敷地・建物・設備等を計8百万円で買収し、東宝・日活・東横映画・東急・吉本興業等が出資して貸スタジオ業を目的に、47年10月15日に設立されたのが株式会社太泉スタヂオである。資本金1千4百万円。戦前より東京吉本を率いた林弘高が初代社長に就任し、事務所は銀座西4丁目の吉本ビル内に置かれた。なお「大泉」ではなく「太泉」と表記するのは林の発案で《水に流されることがないように点を加えたという》（『東映十年史』）。48年2月26日公開の東宝＝吉本提携『タヌキ紳士登場』が貸スタジオ第1作。48年4月の株主総会で資本金を5千万円に引き上げ、定款に「映画の製作配給」を加える。その後『肉体の門』『風の子』が作られたが、継続的な製作配給は不可能だった。そこで、大映京都第二撮影所を借用し大映配給で製作を続けていた東横映画（牧野満男撮影所長）と共同で新たな配給系統を作る運びとなる。49年10月1日、東急・東横映画・太泉スタヂオ等の共同出資で東京映画配給を設立。松竹・東宝・大映に次ぐ第4系統として、主に太泉と東横の配給を担う配給会社が東映（東映配）で、当時から今と同じ三角マークを使用している。配給網の安定を得て太泉は自主製作を開始。撮影所長は朝日新聞出身の山崎真一郎。東映配給第1作は49年11月20日公開の東横映画『獄門島』。第2作が11月28日公開の太泉映画『女の顔』（演出今井正）で、これを太泉の自主製作第1作と数える。50年3月、太泉スタヂオは太泉映画株式会社に社名を変更。同月、第5系統となる新東宝配給株式会社が設立され、邦画配給は飽和状態に陥る。製作効率が悪かった太泉は第16作『アルプス物語 野性』を最後に、50年8月限りで自主製作を中止。貸スタジオ業に戻り、給料は遅配に。11月、東映配に太泉・東横が吸収される形での合併を各社が承認。この間の経緯は省くが、51年2月に東急専務の大川博が東映配の社長に就任し、4月1日資本金1億7千万円と9億8千万円の負債を背負って東映株式会社が設立される。かくして太泉スタヂオは東映東京撮影所となった。

(2)『花の進軍』のスタッフ

題名は「花」に「スタア」とルビがあり「すたあのしんぐん」と読む。51年7月27日に東映配給で野村浩将演出『吾子と唄わん』と二本立の公開。映倫番号481。上映時間は44分の資料が多い。所有プリントは約28分。

プリント上のクレジットは製作・東映株式会社、企画・金平軍之助、構成・小林恒夫、協賛・東横百貨店。東映太秦映画村・映画図書室所蔵のシナリオ(以下、太秦本)には製作・兼(※ママ)平軍之助、脚本・鈴木敏郎、演出・小林恒夫とペンで書入れてある。金平は05年本郷生まれ。新国劇付属演劇研究所二期生で、第二次芸術座に参加。25年から28年まで近代劇場を主宰。のち日活太秦現代劇部に入る。田中筆子の最初の夫。東京吉本にいた流れかもしれないが、本作以降53年まで東映東京で数本の企画製作を務めた。

鈴木敏郎は26年葛飾区生まれ。47年日大卒業後、新世界映画社(戦中の朝日映画社)に入るも49年2月解散。11月太泉スタヂオに助監督で入社し、東映東京でも助監督を続ける。60年監督昇進。翌年フリーになりTV演出へ。

小林恒夫は11年京橋生まれ。日芸卒業後、35年東京発声入社。39年応召し中支戦線へ。翌年帰還し東発に復職するも、41年10月同社は東宝に吸収され、東宝の助監督に。黒澤明『素晴らしき日曜日』『酔いどれ天使』のチーフで有名だが、太泉を借りた『野良犬』の撮影後、自主製作を始めた太泉に残って多くの作品で演出補佐(チーフ)を務めた。53年に監督昇進。

ちなみに、太泉の助監督部にはほかに村山新治、加島昭、内田一作(吐夢長男)、島津昇一(保次郎長男)らがいた。彼らが東映東京の映画・テレビ制作の担い手となってゆく。なお、次項では村山の自伝『村山新治、上野発五時三十五分』(18年・新宿書房刊)の回想を参照して、セカンド以下の助監督も記載しておく。またこの本には太泉で村山が参加した作品の集合写真が数点掲載されている。

(3)『花の進軍』作品解説

ヒット曲を羅列するだけの音楽短編が多いなか、本作はそれなりに凝った構成をしている。すなわち東横百貨店の売場で展開する新撮影のパートと、それに呼応して引用される太泉映画の抜粋とで成る。新撮影パートは百貨店に居合わせた三木鶏郎(本人役)、男客B＝本を買いにきた男、男客C＝レコードを買いにきた男(三木のり平)を主軸とする三つの部分に分かれる。他の買い物客や店員として出演するのは、50年の第1回のみで終わった太泉ニューフェースの小倉正則(波島進)や川口節子(のち波島夫人)、三島耕、南川直、あるいは翌52年に阿部豊演出『ボート8人娘』に出演する柏木久枝や泉鏡子らである。若干の変更はあるが、大筋は太秦本と同じ展開・抜粋なので参考にしながら順を追ってみてゆこう。

○東横百貨店の点描、のち楽器売場。
♪最初に鶏郎が頼まれて弾く自曲「つい春風にさそわれて」は『オオ‼細君三日天下』（太泉⑧50年4月2日）の主題歌。原作中野実、脚本小崎政房・小沢不二夫、撮影山崎一雄、演出大谷俊夫、演出補佐小林恒夫。ポスターの惹句〝見よ！細君のストライキ！銀幕を揺がす笑いの水素爆弾！〟と家父長制に一石投じる内容で、ストに当惑する新婚の千田夫妻に鶏郎と野上千鶴子。大谷の戦後監督復帰作で、36年日活多摩川『細君三日天下』のセルフリメイクとなる。演劇博物館は改訂前の『奥様十字軍』（小崎単独）を所蔵。

♪次に美空ひばりが歌うはサトウ・ハチロー作詞「すみれと六さんの唄」2番。『おどろき一家』（太泉②24年12月13日）の劇中歌。原作阿木翁助、脚色八住利雄、音楽古関裕而、演出斎藤寅次郎、演出補佐小林恒夫。夫を失い女手一つで娘すみれ（ひばり）を育てるうめ（入江たか子）は生活に困窮し、娘を捨てるつもりで動物園を訪れる。そこで青年六助（古川ロッパ）と出会い、彼の姉の家で住み込み女中になるが…。歌の題名は本作の演博所蔵シナリオ（改訂）による。

♪益田喜頓と利根はる恵の「掛合い漫謡」も『おどろき一家』から。奉公先での演奏会の場面。歌の大意は、鶏を買いに行った男が値段の高い訳を問うと、共同募金用に羽を赤く染めてあるからとの返事。47年に始まった民間運動を詠み込んだ。太秦本に歌詞あり。

♪雨漏りの音から始まるのが『なやまし五人男』（太泉④50年1月10日）より三木グループの演奏と歌。メンバーは鶏郎、三木のり平、小野田勇、河井坊茶、丹下キヨ子。原作阿木翁助、脚本小崎政房、撮影伊佐山三郎、監督小杉勇、監督補佐大谷俊夫。大谷は戦後初仕事で、実際は小杉班・大谷班の二班で撮影した（日刊スポーツ50年1月11日）。演博所蔵シナリオ（改訂）のシーン46・合宿部屋《二木の指揮で仲間たちの猛烈なるジャズ演奏 楽器は全部差し押えをくっているから 二木の苦肉の案で バケツ 茶わん そういったものを集めてそれを楽器にしてやっている（以下略）》の部分である。

♪川田晴久が「地球の上に朝が来る」の節で歌うのは『歌うまぼろし御殿』（太泉③49年12月27日）。♪続く暁テル子のカルメンと水の江瀧子のドン・ホセによる「ハバネラ」、♪さらにターキー扮する西門慶を相手に歌う月丘夢路の「金蓮の歌」も『歌うまぼろし御殿』から。一見別々の作品に見えるが、本作は原子力ラヂオの力で次々に世界が展開する設定であり、〝6人のターキーが踊る狸御殿の決定版！〟。製作兼松廉吉、脚本山本嘉次郎・高柳春雄、撮影玉井正夫、音楽浅井擧曄、按舞青山圭男、監督小田基義、協力山本嘉次郎。実際は小田と山本が《AB両班に別れて》（キネ旬№74）撮影し、山本は《SKDの踊りのあるシーンだけ撮った》（村山自伝）。山本班はチーフ本多猪四郎、セカンド田代秀治。田代の依頼で村山新治は初めて太泉を手伝い、以後助監督に。公開翌月の50年1

月31日から2月13日まで浅草・国際劇場で舞台版が上演された。

♪次は『青空天使』（太泉⑩50年5月20日）のラストより「ひばりが唄えば」。撮影友成達雄、演出斎藤寅次郎、演出補佐曲谷守平、セカンド村山新治。02年に16ミリ短縮版が発見された。引揚げで母とはぐれた娘には歌の才能があって…。『おどろき一家』に続き入江たか子とひばりが母娘役。

○ここから書籍売場となり、店員が薦めた本を開くと映画が始まる。

♪最初は、太秦本に記述のない東横映画『天保人気男 妻恋坂の決闘』（50年7月11日）。演出渡辺邦男。抜粋は決闘前の中村座の場面で、千恵蔵の此村大吉が花道から本舞台へ入り、二階桟敷の大友、月形らと対峙する。太泉だけで構成する企画が、中途から東横時代劇も加えるに至った経緯は不明。

♪次は藝研プロ提携『アルプス物語 野性』（太泉⑯50年9月16日）から原節子の乗馬ばかりが4カット。伊豆肇も一瞬映る。製作熊谷久虎、演出沢村勉（初監督）、演出補佐木元健太、セカンド村山新治、サード内田一作。飛騨アルプスの天体観測所員吉崎（伊豆）は山の娘ユキ（原）と出会うが東京へ帰ることになり…。太泉映画最後の自主製作作品。藝研プロは佐分利信初監督作『女性対男性』と監督第2作『執行猶予』に続き太泉と3度目の提携。

♪映画芸術協会提携『脱獄』（太泉⑥50年3月5日）より序盤のボートの場面。酒乱だが普段は真面目な自動車整備工・新吉（三船敏郎）におでん屋の加代（高峰三枝子）が想いを伝える。この後、結婚の日に酔った新吉は傷害罪で刑務所に入り…。製作本木荘二郎、撮影中井朝一、脚本&演出山本嘉次郎、演出補佐本多猪四郎、セカンド村山新治、サード加島昭。高峰は出産後の復帰作。三船は吉峰幸子と1月5日に結婚、その翌日から撮影だった。

♪次の本は第一協團提携『戦火を越えて』（太泉⑮50年9月2日）から、主題歌「戦火を越えて」の2番3番を歌う舞台上の高峰秀子と山村聰。製作浅田健三、原作菊池寛『数寄屋橋々畔』、構成八木保太郎、脚本棚田吾郎、撮影藤井静、演出関川秀雄、演出補佐小林恒夫。中国人を父に持つ清美（岸旗江）と中国軍スパイ李（山村）の悲恋で、中国女優朱燕がデコ。本作は16ミリ版の1巻目（前半部分）を下村健氏が所有されており、『花の進軍』と共に上映する計画である。この歌唱シーンは後半部分にあたる。

○ここからレコード売場となり、店員がレコードをかけると映画が始まる。

♪最初は『哀恋の港 やくざブルース』（太泉⑫50年6月27日）より岡晴夫が歌う「男一匹の歌」。太秦本に記述のない曲だが、太秦・映画図書室所蔵スチールで同定した。この曲は岡のデビュー翌年＝39年発売の「赤い夕陽は沙漠の涯に」で、48年に曲名を「男一匹の歌」と改め再吹込したもの。企画望月利雄、製作石川定一、原作&脚本木村千恵男、撮影伊藤武夫、演出鈴木重吉、演出補佐小林恒夫、セカンド村山新治。外地から戻り身を持ち崩した隼夫(岡)はキャバレーのマダム(入江たか子)に助けられ歌手の道へ。

♪『東京無宿』(太泉⑤50年2月1日)より、キャバレー・リオで「初恋」を歌う二葉あき子(特別出演)。脚本井手俊郎、撮影玉井正夫、演出千葉泰樹、演出補佐小林恒夫。斜陽階級の長男・功(岡田英次)は復員後に職もなく、高利貸・瀬川(山村聰)とその妾(山根壽子)に拾われ取立屋に。

♪再び『やくざブルース』から、岡晴夫が主題歌「男のエレジー」3番と1番を港で歌う。日暮里子、丹下キヨ子らの姿も。演博所蔵シナリオではまだ曲名が「こんなやくざに誰がした」。

♪『おどろき一家』の演芸会よりロッパの尻取歌。「黒い眸よ今いずこ」から「東京ブギウギ」までメドレーで。

○三木鶏郎が再登場しドラムを叩く。

♪『歌うまぼろし御殿』のホテル・ポランチヤランの場面。渡辺弘と楽団スターダスターズの演奏から暁テル子の歌と松竹歌劇団の群舞。続いてターキーと東山ふさ江の踊りで大団円。その静止画が映るのは《テレヴィ式スクリーン》付きの電蓄のキャビネットである。そこに「終」。全体にワイプ等の特殊効果が散見され、また鶏郎らの音楽を用いて抜粋へのスムーズな導入を試みるなど意欲的な演出がみられる。

本項の結びに『花の進軍』ポスターのキャストから判断して所有プリントの欠落が明らかな作品を挙げておく。まず佐分利信演出『執行猶予』(太泉⑭50年7月25日)。書籍売場で映る本「ケタレイ夫人」から始まる筈だが、次に飛んでしまう。もう一本は東横映画『旗本退屈男捕物控 前篇 七人の花嫁』又は『後篇 毒殺魔殿』。千恵蔵が入って右太衛門が入らないのはパワーバランスから考えてもあり得ない。

(4)とりあえずの総括

自主製作時代の太泉映画16作品は、専属の監督やスターの不在とプロデューサー制の未定着による貸スタジオ的性格が残る一方、新人監督として佐分利信、沢村勉を登用する側面もあり、山崎撮影所長の下でのちの東映東京の人材や作品路線が徐々に形成されてゆく様が見え隠れしている。

太泉が製作を開始した時期も類例がない。48年10月に第三次東宝争議が決着。49年6月には日本映画協会が映画倫理規程を採決して映画倫理規程管理委員会(旧映倫)が発足する。つまり、45年10月以来続いたＣＩＥとＣＣＤ部内ＰＰＢ(民間検閲支隊の新聞映画放送部)による二重の事前検閲が中止され、ＣＩＥの事後検閲のみになってから、太泉の自主製作は始まっている。にも拘らず、連合国最高司令官が映画製作者へ指導した項目、例えば《復員兵の社会復帰の劇化》《労働組合の平和的かつ建設的な結成の奨励》等のテーマはごく自然かつ忠実に守られている。民主化の名の下になされた自己検閲の思考回路の形成が、後発の太泉にも行き届いている点に留意したい。なお、45年4月20日付「日本における民間検閲基本計画」の「使命」《a日本その他敵国体制の破壊。b日本の非武装化と再軍備の阻止（下略）》に明らかなように、検閲の目的に民主化は含まれていない。

（5）『なやまし五人男』周游

42年に加賀谷信名義で「南から南から」を作曲した吉田信は、翌43年8月、日本放送協会音楽部長に就き、終戦後は「のど自慢素人音楽会」「歌の新聞」を立ち上げる。46年1月24日、三木鶏郎は自曲「南の風が消えちゃった」でNHKのテストに合格。担当は吉田部長、丸山副部長ら。1月29日鶏郎は「歌の新聞」へ初出演。9月、吉田は東横映画へ転出し、飛行館の支配人に。乞われて三木鶏郎楽団は飛行館でショウを始める。12月美空ひばり「のど自慢」に出場するも鐘鳴らず。47年10月に「日曜娯楽版」放送開始、鶏郎は丸山の招聘で毎週7分間「冗談音楽」を担当。また翌48年12月29日先行上映の松竹大船『結婚狂時代』で映画初出演。49年3月28日、企画吉田信の東横映画『のど自慢狂時代』が公開、ひばりの映画デビュー作となる。

11月25日、太泉スタヂオは女子野球団発足がテーマの新春喜劇『なやまし五人男』クランクイン。飲み屋なやまし亭の娘で野球少女たま子に日劇デビューのヴギ新人歌手宮城まり子。乙女も野球をと説く常連客にロッパ。鶏郎も演奏家ではなく役者として初のスター出演で、アチャコ扮する因業質屋の娘（利根はる恵）と恋仲の音楽家二木を演じた。その演奏シーンは（3）の通り。GHQは民主主義を教える手段だとして野球を奨励し、日本でも野球映画が陸続と製作される。本作もその流れにあるが、登場するのは日本初の女子プロ野球チーム「ブルーバード女子プロ野球団」。いわば野球と女性解放の民主化二刀流であった。チームを率いた小泉吾郎は牧野満男に請われて満映入りした人物で、球団名はブルーバード映画に由来。青年期に広島・天使館でモンロー・サリスベリーに会った印象が強烈だったらしい。日刊スポーツは封切前日の1月9日午前10時から飛行館東横映画劇場で『なやまし五人男』愛読者招待特別試写会を主催（堀口対白井の未公開拳闘記録映画を併映）。同紙は10日と11日にも同作の座談会を掲載する熱の入れよう。そして3月28日、日刊スポーツを事務方に4チームで日本女子野球連盟を結成。4月10日に後楽園球場で初の公式戦が行われた。だが小泉の連盟脱退事件やスポンサー企業の撤退などで、52年のシーズン前に連盟はプロから社会人野球へ転換。日本女子プロ野球は2年間で消滅した。民主化への過剰な迎合と山師根性が生んだ占領下の仇花といえよう。52年4月28日にSF講和条約が発効。占領と検閲は終わりを迎える。

鶏郎は《屢々商業的な愚劣な企画が人間をスポイルする》（『続冗談十年』）と50年後半以降は映画出演から撤退。東映宣伝部にいた吉田信は56年秋「東映行進曲」を作曲、のち社歌に採用される。晩年は日本レコード大賞の審査委員長を務め、都はるみや沢田研二にトロフィーを渡す。88年に84歳で歿した。

（はせがわ・こうじ）

何も決まってない状況。

谷川景一郎　1981年大阪生まれ。中島貞夫監督ご逝去。挙げればキリがない名作の数々と関西出身者としては映画番組での解説も楽しみでした。近年も映画制作にYouTubeまで精力的なご活動、多くの学びを得ました。ありがとうございました。

千葉豹一郎　1956年東京生まれ。作家、評論家。「東京新聞」等の連載の他、著書に「法律社会の歩き方」(丸善)「スクリーンを横切った猫たち」(ワイズ出版)。近年は草創期からの外画ドラマの研究にも力を入れている。

千野皓司　1930年東京生まれ。2022年歿。経歴は本文参照。『血の絆』上映は今年の日本映画最大のニュース。お客さんがたくさん入っていたのは嬉しかった（編輯長識)。

永田哲朗　1931年生まれ。チャンバリスト。「殺陣」は時代劇愛好家必携の一冊。他に「日本劇映画総目録」(監修)「右翼・民族派組織総覧」(国書刊行会）など。新刊に「血湧き肉躍る任侠映画」(国書刊行会)。

長谷川康志　1978年横浜生まれ。双子座・AB型。酒豆忌（中川信夫監督を偲ぶ集い）実行委員。座右の銘「人間　いちばん　あかん」(中川信夫)

広瀬信夫　1963年生まれ。ジョセフィン・チャップリンの〝あのシーン〟での反応を見たいだけで、女の子を『カンタベリー物語』に連れてった奴、俺だけじゃないよね？

最上敏信　1948年東京生まれ。「帖」と「帳」、たかが漢字一字違いの映画の題名。「捕物帳」であろうが「捕物帖」だろうがそんなコタア関係ない！とお思いのあなた、「大友柳太・郎」と「大友柳太・朗」ほどの差はあるのです。さらにこれにゾクゾクするほど印刷の「誤記」が追い駈けてくるのだ。

『映画論叢 65号』の予告

創刊以来の連載完結す　帝国キネマ演芸・山川吉太郎　冬樹薫

『セロ弾く乙女』　エーリッヒ・ヴァシュネック監督研究　戸崎英一

映画化できない理由　三上於菟吉の探偵小説　湯浅篤志

元祖旅行映画作家　バートン・ホームズの幻景　藤元直樹

時代劇に怪奇性を求めて　水戸黄門のモンスター退治　二階堂卓也

●好評連載　浦崎浩實、最上敏信、猪股徳樹、重政隆文、東舎利樹

執筆者紹介（五十音順）

飯田一雄　1936年生まれ。コロナのためにひどい目に遭いました。せっかく用意した台本は捨ててしまいます。なにより夢を形に残すために結束した仲間と別れるのが悔しい。捲土重来の奇聞です。

猪股徳樹　1942年生まれ。私の脳は映画館に入るや、夜が来たと勘違いが始まり、老人性○○に苛まされる。「歳は取りたくない」の一番目がこれ。そんなこの頃。

内山一樹　1954年生まれ。昨年5月に100歳の誕生日の翌日に逝った父の相続手続きが7月初めにやっと終わりました（母は3年前20年8月に94歳で他界）。9月の新文芸坐『北京の55日』上映は途中休憩10分ありで大変良かった。

浦崎浩實　1944年生まれ。身辺整理の日常！　つまりゴミ出し！　2度と読むことあるまじ、の本などついパラパラし、若かりし日の熱情、夢か幻か！　希望は過去にしかない、を日々かみしめるなり！

片山陽一　1974年生まれ。ジャニーズ騒動のさなか「柏原芳恵の喫茶☆歌謡界」江木俊夫出演回はある意味神回でした。

川喜多英一　1957年生まれ。W・フリードキンの死亡記事、全国紙のどれにもジャンヌ・モローとの結婚を書き落としてる。専門の映画記者って、もう居ないの？

五野上力　1935年生まれ。俳優。劇団手織座、松竹演技研究生を経て61年東映東京入社。64年専属契約。初期は本名の斎藤力で出演。多くのアクション映画に助演した。

坂下正尚　1943年生まれ。67年、日活助監督に。73年フリー。テレビドラマ、ドキュメントに活躍。〝復活、映画「燈下・風の盆」〟と謳い、映画を愛する皆様に支援金をお願いしてきました。お陰様で、十月初頭より本編集、ダビングに入ります！　お蔵入り寸前の映画でしたが、皆様に支えられ一人歩きが出来ますように――。

重政隆文　1952年、大阪生まれ、大阪在住。映画館主義者。韓国映画『復讐の記憶』を見ていたら既視感が。調べるとA・エゴヤン『手紙は憶えている』のリメイクだった。韓国もネタ切れか。

ダーティ工藤　1954年生まれ。9年ぶりの長編映画『にっぽりにっき』の撮影は終了したものの、新しい編集ソフト習得に難航し思いのほか手間取るが、9月末には何とか完成。公開に関しては現時点では

◆編輯後記にかえて

グレンダ・ジャクソン死去。アカデミー賞を２回も獲ってるのに、東京新聞以外の全国紙は完全無視。ひでぇハナシだ。

彼女を最初に観たのは『クイーン・メリー　愛と哀しみの生涯』のエリザベス１世だが、このときは、それほど…。大塚名画座の二本立て『恋人たちの曲　悲愴』のチャイコフスキー夫人と『マラー／サド』のシャルロット・コルデエによってゾッコンとなりました。さきのアカデミー賞ものとか数本はつかまえたけど、元々作品が少ないうえに、新作がてんで輸入されない。『ウイークエンド・ラブ』の続篇や、現地では評判のウォルター・マッソーとの共演作さえ来ない。ブームの前だったんでアルトマン作品も来ない（個人の16ミリで鑑賞)。ケン・ラッセルにしても、ゲスト以上の出方じゃなかったな。ビデオの時代になったんで、輸入VHSで活動の大体は追えたけど、やはり大画面で映える人だよね。…そういえば、彼女のファンだと言ってるだけで、それまで興味なかった栗原小巻に好意を抱いたこともあったなぁ。

待てよ。東京新聞が死亡記事を載せた理由は、ジャクソン女史が〝労働党〟の議員だったからかしら？

丹野達弥

映画論叢64

2023年11月15日初版第１刷発行
定価［本体1000円＋税］

編輯　丹野達弥（たんのたつや）
発行　㈱国書刊行会
〒174-0056 東京都板橋区志村1-13-15
Tel.03(5970)7421　Fax.03(5970)7427
https://www.kokusho.co.jp
装幀　国書刊行会デザイン室＋小笠原史子（株式会社シーフォース）
印刷・製本　㈱エーヴィスシステムズ

ISBN　978-4-336-07589-5 C0374